動画で学ぶ
弓道
基本〜称号者への道

石山佳彦

桜美林大学弓道部監督
教士七段

日本文芸社

剛は父
繋は母なり矢は子なり
片思ひして矢は育つまじ
　　（弓道教歌）

Contents

基本編

はじめに…8

第1章
弓道の用具と施設…9

1 弓具の名称と選び方…10
 弓…11
 矢…14
 弽…16
 弦…17
 その他の道具…20
 的…21

2 弓道の着装…22
 正しい着装…22
 足袋の履き方…22
 帯の締め方…23
 袴の着け方…24

3 弓道場施設…25
 弓道場施設の名称…25

第2章
基本体
基本の姿勢と基本の動作…27

1 基本の姿勢…28
 立った姿勢…29
 腰かけた姿勢…30
 坐った姿勢(正坐)…30
 つま立って腰を下ろした姿勢(跪坐・蹲踞)…31

2 基本の動作…32
 立ち方(跪坐から立つ場合)…32
 坐り方…33
 歩き方…33
 停止体での回り方…34
 歩行中の回り方…34
 坐しての回り方(開き足)…35
 礼(坐礼)…35
 礼(立礼)…36
 揖(ゆう)…36
 執弓の姿勢…36
 弓を持ったときの礼…37
 矢番え動作…38

Column
1 竹製とグラスファイバー製はどうちがう？……………26
2 上達を助けるトレーニング＆ストレッチ……………80

第3章
射法八節…39

射法・射技の基本…40
- 1 弓の抵抗力…41
- 2 基本体型(縦横十文字と五重十文字)…41
- 3 呼吸(息合い)…41
- 4 目づかい…42
- 5 心・気の働き…42

正面打起し/斜面打起し…44
- 1 足踏み…46
- 2 胴造り…48
- 3 弓構え(正面打起しの場合/斜面打起しの場合)
  - (1) 取懸け…50/62
  - (2) 手の内…52/64
  - (3) 物見…54/66
- 4 打起し(正面打起しの場合/斜面打起しの場合)…56/68
- 5 引分け(正面打起しの場合/斜面打起しの場合)…58/70
- 6 会…72
- 7 離れ…75
- 8 残心(残身)…76

遠的射法…79

第4章
上達の極意

正しい射法を身につける…81
- 指導論…82
- 1 軸がぶれない射形をつくる…84
- 2 左右のバランスを崩さずに引く…89
- 3 らくな動きで射形を崩さない…93
- 4 弓の病と癖を克服する…96
- 5 習熟度別レベルアップ練習法…103

第5章
審査・競技について…107

1 体配の手順…108
- 足の運び方…108
- 坐射・立射…108
- 時間制限…109
- 審査における行射の要領…109
- 競技における行射の要領…109

2 競射の知識…110
- 個人戦…110
- 団体戦…110

3 失のときの心得…111
- 弦が切れた場合…111
- 弓を取り落とした場合…112
- 筈こぼれの場合…112
- 失が重なった場合…113

4 試合・審査での心がまえ…113

第6章
弓道場でのマナー…115

- 道場に着いたら…116
- 道場内では…118
- 弓具の取り扱い…119
- 練習では…120
- 矢取りでは…121
- 道場を出るときは…121

Contents
有段者編

第1章
有段者のための
弓具の知識……125

竹弓…127
竹矢…131
渫…135
弦…138
ぎり粉・筆粉…139
矢筒…140

弓具取り扱いの
基礎知識…141

第2章
着物の知識……149

着物のTPO…151
着物のつくり方…152
紋の入れ方…155
着物の着付け…156
　長襦袢・長着を着る…156
　帯を結ぶ…158
　袴をつける…160
　着物のたたみ方…164
　袴のたたみ方…166

第3章
肌ぬぎ・肌入れ
襷さばき……169

肌ぬぎ動作…171
肌入れ動作…176
襷さばき…180
襷がけ…181
襷はずし…188
男女が肌ぬぎと襷がけを
同時に行なう場合…194

Column
3 弓具や着物に関わる尺貫法 …………………………148
4 男性の羽織紐の結び方 ………………………………154
5 闘争心むき出しの顔は減点対象 ……………………168
6 中りは正射の最低条件 ………………………………196
7 最上位の射手が行なう巻藁射礼 ……………………242

第4章
射礼……197

  射礼の精神…198
  射礼の種類…199

坐射礼…200
  本座で肌ぬぎ、襷がけを行なう場合…200
  射位で肌ぬぎ、襷がけを行なう場合…208

2人以上で行なう坐射礼…208

持的射礼（四人立）…209
  基本の間合い…209
  物見返しで立つ（一つ的の間合い）…212
  取懸けの間合い…213

一つ的射礼…214
  三人立…214
  四人立…220
  二人立…222

立射礼…224

2人以上で行なう立射礼…228

介添え…230

付記
修行者のための基礎知識…244
  称号者・指導者としての素養とは…244
  段級審査・称号審査の流れ…246
  審査に臨んで…247

弓道用語解説…248

おわりに…254

動きや手順が動画で見られます

長襦袢・長着の着方を◀動画で確認

この本に掲載しているおもな内容は、解説動画を公開しています。
本ではじっくりと概要を読み、実際の動きや手順は動画で確認してください。動画を公開している項目には[QRコード]を掲載しています。

QRコードの使い方

カメラ機能を使って動画を見る

QRコードを読み取る機能やアプリが搭載されている携帯電話やスマートフォンは、カメラのレンズをQRコードにかざすと動画サイトに飛び、簡単に見ることができます。

アプリをインストールする

アプリが搭載されていない場合は「Apple Store」もしくは「Google Play」で「QRコード」と検索すると、さまざまな無料アプリが紹介されています。いずれかをインストールしてください。

＊アプリのダウンロードおよびご利用には別途通信料がかかり、お客様のご負担となります。
＊ご使用の機器やインターネット環境等によっては、ダウンロードや再生ができない場合があります。

はじめに

　高校生時代、恩師の故・平本卓司氏に最初に教わった弓道教歌は

　　打渡す烏兎の梯(かけはし)直ぐなれど
　　引渡すには反り橋ぞよき

でした。次に

　　剛は父繋(かけ)は母なり矢は子なり
　　片思ひして矢は育つまじ

で、先生は、解説を加えながら説明してくださりました。
　また、夏目漱石の『草枕』冒頭の「山路を登りながら、こう考えた。智に働けば角が立つ。情に棹させば流される。意地を通せば窮屈だ。兎角に人の世は住みにくい。(〜中略〜)越す事のならぬ世が住みにくければ、住みにくい所をどれほどか、寛容て、束の間の命を、束の間でも住みよくせねばならぬ。ここに詩人という天職が出来て、ここに画家という使命が降る。あらゆる芸術の士は、人の世を長閑にし、人の心を豊かにするが故に尊い。」(夏目漱石『草枕』新潮社、昭和25年)の文章を暗唱し、私たち部員に「私は、幸いに弓道を修練している。心を豊かにできる弓道に私たちは巡りあえて本当に幸せだよ」とおっしゃっていました。弓道修練の眼目は、弓道を通じての人間完成であり、人生をより深くまた高く豊かにするものでなくてはならないと思います。弓道に巡りあえて私の人生は随分変わったものになりました。人生が豊かになったかどうかは最期までわかりませんが、悔いを残さないで終われると思います。
　今回、既刊の『DVDで学ぶ 基本の弓道』と『DVDで学ぶ 有段者の弓道』を一冊にまとめるというお話をいただき、その際新たに映像、スチール写真等を追加しようということになりました。撮影に際しては、桜美林大学の弓道部員、並びにOBに協力をしていただき、大変感謝しています。
　本書を発刊するにあたり、ご協力ご尽力いただいた方々に深く御礼申し上げます。

桜美林大学弓道部監督
石山 佳彦

> 靭なる矢の根は錆びて弦ほほけ
> 弓射るばかり弓を射るかは（弓道教歌）

基本編
第1章
弓道の用具と施設

＊教歌解説……矢を入れる靭の中の矢の鏃は錆びて、弦は毛羽立っている。弓だけ引いているのは嘆かわしい、という意味。弓を引くだけが修行ではない、と戒めている。

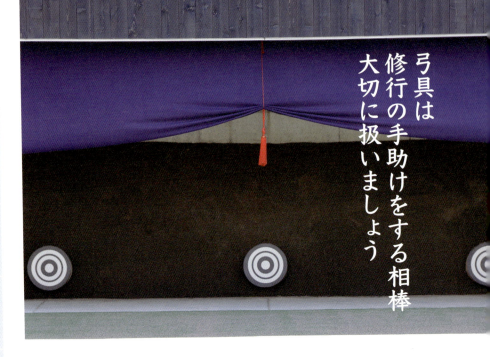

弓具は修行の手助けをする相棒 大切に扱いましょう

道場内では、すべての動作が重要視されます。
弓道に親しむ人は、弓を引くときだけでなく、
正しい用具の取り扱い方、しっかりとした身だしなみも
心がけなければなりません。
道場内での落ち着いた動作や正しい姿勢と
呼吸から生まれる心と身体の平静は、射に大きく影響します。
弓・矢・弽などの用具についての知識を広げ、
正しい取り扱い方法を知ることも必要です。
まちがった弓具の選択や使用法は、
思わぬケガを引き起こす原因ともなりますので、
充分に注意しましょう。

1 弓具の名称と選び方

弓の長さの目安

現在よく使われている弓には、基準となる並弓（7尺3寸＝221cm）と、それより若干長い伸弓（7尺5寸＝227cm）があり、矢束（自分が実際に引き込む矢の長さ）によってどちらを選ぶかが変わります。

矢束が91cm以上だと伸弓を選択するのがおおよその目安ですが、グラスファイバー製の弓を使用する場合、多少矢束が長くても、並弓で問題ないと思います。

弓の強さの目安（弓の抵抗力）

自分の体力に合った弓を使うことが大切です。同じ強さの弓二張の肩入れ（右指4本をかけて耳の後ろまで引き込むこと）ができる力の限度の2分の1が適当な強さだと言われています。たとえば20kgの弓二張（＝40kg）を引いてこれ以上引けないとなると、その半分の20kgが相応だということです。

弓の強さは「強い・弱い」と表現し、「重い・軽い」とは言わないようにしましょう。

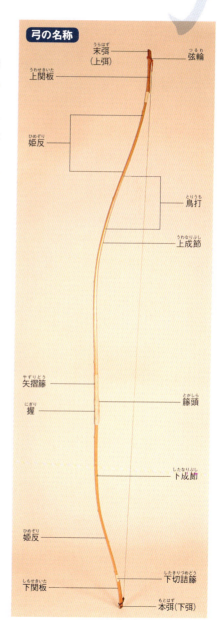

弓の名称

弓の癖（入木弓・出木弓）

竹弓は天然素材を使っているため材質が均一でなく、使用しているうちに変形することもあります。正常な弓は、弦をとおして弓を見たとき、上成節から下成節の間の弦が弓の中央より右側3分の1を通ります。これより右に位置している弓は「入木弓」、その反対に、弦が左に位置する弓を「出木弓」と言います。弓は左手でひねりながら引くため、「入木弓」のほうが矢飛びや的中は安定します。「出木弓」の場合、矢が矢摺籐に接触しやすく、的の前方向にはずれやすくなるのです。「出木弓」がひどいと、弓がひっくり返る場合もあります。

グラス弓の場合は材質が均一のため、出入りの心配はほとんどありませんが、弓を外側にひねることを考えて、やはりやや「入木弓」のものがよいでしょう。

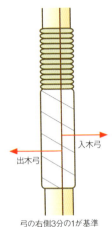

弓の右側3分の1が基準

 入木弓・出木弓を動画で確認

弓の手入れ方法

竹弓の大敵は湿気です。昔はくるみの油で磨きましたが、色合いはよくなるものの、油が側木にしみ込んで、弓がもろくなるという欠点があると言われています。弓の手入れには、床用ワックスで磨いたあとに乾拭きをすると良いでしょう。これによって、湿気を防ぎ、ツヤを出すこともできます。冬場は、弓を使用する前に日本手ぬぐいで側木をこすってあたためるようにします。弽を差したまま弓を持つと、汚れてしまうので注意しましょう。

握り皮の巻き方

まずは古い握り皮をきれいにはがします。グラス弓の場合、握り皮の下地として当てゴムが入っていますが、竹弓の場合は古いはがきなどの厚紙を下地として巻いて、手の大きさに合うように厚さを調節します。この場合、厚紙を内竹の幅に合うように折り重ね、これを内竹に貼りつけて、藤ベラで両角を伸ばし、握りがかまぼこ型になるようにします。

新しい握り皮を用意したら、仮巻きとして、接着剤を使わずに外竹の左角から内竹のほうへ左巻きに巻いてみます(写真1)。このとき、握り皮を伸ばしながら、重なったり隙間のないようにします(写真2)。握りの長さまで巻き終えたら、手の大きさに合うか確かめ、具合がよければ握り皮の巻き終わりが外竹右角になるように余分な皮を切ります(写真3)。

握り皮をほどいて、あらためて接着剤をつけて仮巻きと同じようにして巻きます(写真4)。巻き終わりは、はがれないように内側に差し込みます(写真5~6)。巻き終わったら、藤ベラやガラスビンなどで握り部分をこすり、なじませます(写真7)。

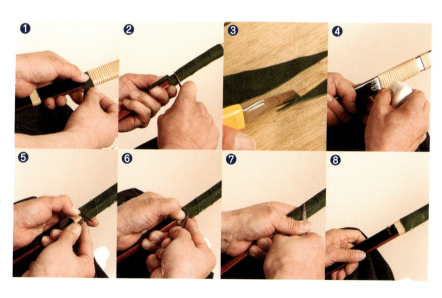

握り皮の巻き方を◀動画で確認

矢の名称

- 筈(はず)
- 筈巻(はずまき)
- 末矧(うらはぎ)
- 羽中節(はなかぶし)
- 本矧(もとはぎ)
- 袖摺節(そですりぶし)
- 箆中節(ののなかぶし)
- 射付節(いつけぶし)
- 板付(矢尻)(いたつき)

矢の太さの目安

　市販されているジュラルミン製の矢は、1913と2015が主流です。4けたの数字の前2つは矢の太さを示し、後ろ2けたは肉厚(重さ)を示しています。従来、20は男性用、19は女性用と考えられていましたが、現在は2014や2013のような軽いもの、2117のように太くて重いものも出てきています。

　技術を磨くには19などの細い矢が適していますが、ある程度の的中を考えると、より安定した太めの矢を選ぶなど、矢尺や弓のキロ数に応じて、自分に適した矢を選びましょう。

矢の長さの目安

　のどぼとけから指先までの長さ(身長の約半分の長さ)に、危険防止のためにある程度プラスして、自分の矢の長さ(矢尺)を決めます。

　プラスする長さは、肩幅が広かったり、腕が長かったりなど、人それぞれの体格によって変わるので一概には言えませんが、10cmを目安にするといいでしょう。

　短すぎるのは危険ですが、あまり長すぎても、その長さだけ引かなければいけないという感覚にとらわれて、たぐり引きなどの射癖を誘発しかねませんので注意しましょう。

甲矢・乙矢

矢についている3枚の羽根は、1枚の羽根を左右に割って使っていますから、二方向のものができることになります。同じ方向のものをつけないと矢は回転しませんので、甲矢・乙矢という2種類があるのです。板付(矢尻)を左にしたとき、走り羽の羽根の裏側が見えるのが甲矢、表側が見えるのが乙矢です。羽根の軸が手前にあるのを甲矢、向こう側にあるのを乙矢と覚えてもいいでしょう。甲矢は時計回りに、乙矢は反時計回りに回転します。

甲矢・乙矢の一セットを一手と言い、4本で一組になりますが、購入する際は、できれば同じ規格の矢を6本揃い、または8本揃いとしたほうが、故障があったときなどに補充がきいていいでしょう。

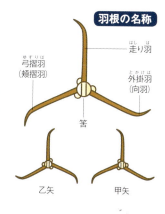

羽根の名称

板付を左にしたとき、羽根の軸が手前に見える甲矢

矢の手入れ方法

矢羽根には、鷲や鷹の手羽根(翼)や尾羽根が多く使われています。高校生には七面鳥が主流ですが、窓が空きやすい(羽根が飛びやすい)ようです。雨のあとは充分に水分をふきとり、ドライヤーで乾かすなどの手入れをしてください。羽根が浮いたときは、水性ボンドを軸につけ、糸を巻いて固定します。竹矢は竹弓と同様に床用ワックスで磨きます。曲がりが出たら、弓具店で直してもらいましょう。

筈の抜き方

筈を交換するときは、プライヤーとかなづちを使い、シャフトに余計な力がかからないようにして筈を抜きます。筈を水平にはずすことがポイントです。

筈を挟み(写真1)、かなづちでプライヤーの股あたりをたたいて(写真2)、筈がゆるんだら引き抜きます(写真3)

弽の名称

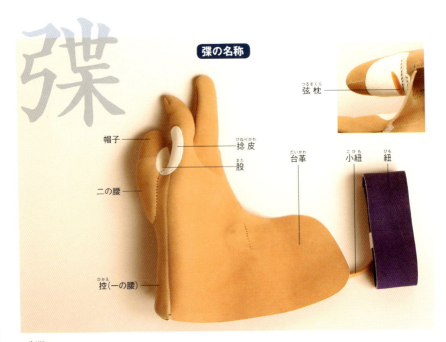

弽の種類

　弽は、弓を引くときに右手の親指が弦で痛まないように保護するための手袋のようなもので、柔帽子と堅帽子のふたつに大別されます。柔帽子は、帽子の内側部分に皮を重ねて厚くしてある弽で、おもに初心者が使用します。

　堅帽子は、帽子の中に角、または木を入れた弽で、強い弓を引いても右手の親指が痛まないようにつくられています。堅帽子には、指の本数によって、三つ弽、四つ弽、諸弽の3種類があります。このほかに、手の内を効かせるために弓手につける押手弽もあります。

　新しい弽は、こまめにぎり粉をつけてなじませましょう。

三つ弽　　　　　四つ弽

諸弽　　　　　押手弽

弽の手入れ方法

　湿気は弽の大敵です。弽は鹿皮を糊づけし（一部ほかの皮も使用）、補強縫いをしてつくられているため、湿気ではがれるおそれがあるのです。汗をかいたらこまめに下弽（したがけ）をとりかえ、風とおしのよい日陰で乾燥させることが大切です。

弽の差し方

　弽を差すときは、取懸けの形で紐を締めるようにします（写真3）。新品の弽はなじむまでに時間がかかるので、小紐を2〜3cmゆるく締めて使います。

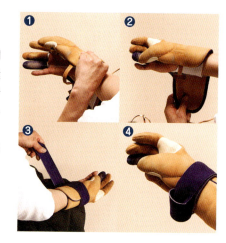

弝（は）の高さ（弦の高さ）

　弦を張ったとき、籐頭（とがしら）（握り皮と矢摺籐（やずりどう）の間）と弦の間隔を、弝（は）の高さ（または弦の高さ）と言います。これは15cmが基準で、このとき上関板（うわせきいた）と弦の間に、弦が1本ないし2本入るくらいの弓がいいでしょう。低すぎると弦音が冴えなかったり、弦で手首を打つ危険が高まり、高すぎると弓返りが弱く矢飛びが悪くなります。

　ただし弓によっては、13.5cm〜14cmが適している場合もありますので、弓の状態を確認しながら調整するようにしましょう。

弝の高さを
◀動画で確認

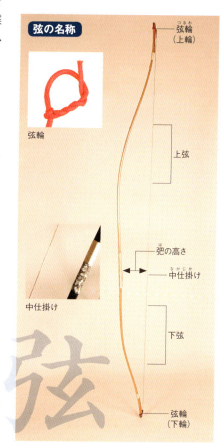

弦の名称

弦輪

弦輪（上輪）
上弦
弝の高さ
中仕掛け
下弦
弦輪（下輪）

中仕掛け

弦輪のつくり方

　市販されている弦は下輪ができていますが、グラスファイバー製の弓を使用している場合、本弭が小さいために、普通に使用していると弦輪が動いてしまいます。ですから、まずは本弭にかける下輪を自分の弓に合わせて小さくつくりかえ、そのうえで上輪をつくって高さを調整します。

　弦輪には一重と二重があります。一重の場合、表裏どちらでも張れますから、弓の癖によって張り方も簡単に変えられます。上関板と弦の間隔が開きすぎる場合は、一重にするといいでしょう。

一重の場合

弦輪のつくり方を◀動画で確認

二重の場合

弦の張り方・はずし方

　弓張りに末弭を入れて左手で握下を持ちます。左手をのばしたまま右手を少し持ち上げ（写真1）、弦輪をかけられるギリギリの高さで左ももの付け根に下関板を乗せ（写真2）、弦輪を本弭に引っかけます。

　たわませすぎると弓が変形するので注意しましょう。

　弓の癖によっては弦がひっくり返る場合がありますので、張ったあとは両手ではさんで安定させます。

　多少の入木弓・出木弓であれば、弦輪のかけ方によって修正するか、矯正具を使うといいでしょう。癖がひどい場合は、弓具店など専門の方に直してもらうようにします。

膝付近に乗せると滑ることがあるため、ももの付け根あたりにおくのがポイント

弦の張り方・はずし方を◀動画で確認

中仕掛けのつくり方

　中仕掛けで大切なのは、矢を番える位置の太さと箆の弦道の太さです。矢を番える位置は矢筈の溝の太さに合わせ、箆が当たるところは弦道の深さに合わせて中仕掛けの太さを変えます。太くしすぎると暴発の原因になり、細いと箆の弦道が深くなりすぎて、引っかかるようになります。微妙な引っかかりは気づきにくく、射形を乱す原因ともなりかねませんので注意が必要です。矢所が的の後ろに集中する場合、箆の引っかかりが考えられます。

　また、新しい箆の場合はとくに、暴発のおそれがありますので中仕掛けが太くなりすぎないように気をつけましょう。

　中仕掛けをつくるときは、まず矢を番える位置の2cmくらい上から、下に向かって反時計回りにボンドで仕掛け麻を巻きます（写真1～3）。巻き終わったら、道宝で上から下へと弦のよりと同じ向きにこき下ろします（写真4）。次に、箆の弦道が当たる部分を確認して、さらに仕掛け麻を巻いていきます（写真5～7）。最後は中仕掛けが締まるように道宝でこすります（写真8）。

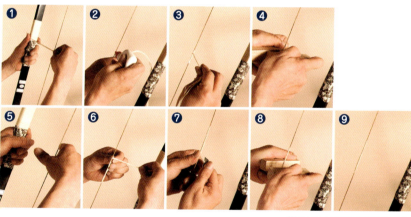

中仕掛けのつくり方を ◀動画で確認

弦の手入れ方法

　弦には、麻のものと合成繊維のものの2種類があります。麻は、折ったりよりを戻したりすると切れやすくなります。使用前後にはかならず麻ぐすねでこすり、くすねを弦にしみ込ませるなど、取り扱いには注意しましょう。はずした弦は弦巻に巻いて保管します。

その他の道具

1.弓巻き／2.弓袋
持ち運びの際に弓を保護するためのもので、巻きつけるタイプの弓巻きと袋状の弓袋(ゆぶくろ)があります。雨天時の外出用にビニール製のものも市販されています。

3.石突
弓巻きや弓袋の下端に装着して、弓が汚れるのを防ぐためのものです。

4.矢筒(ショルダータイプ)
5.矢筒(籐製)
矢筒は矢を持ち運ぶための入れもので、さまざまなタイプが市販されていますが、高校生の場合、ショルダータイプが主流です。

6・7.弦巻
替え弦(予備の弦)を収めておくもので、弦が折れないように円型になっています。籐または合成樹脂製のものが主流です。

8.ぎり粉／ぎり粉入れ
ぎり粉は、弽の帽子と中指または薬指の間につける粉で、松脂を煮込んで油分を少なくしたものです。これは、帽子と指の間の潤滑剤や滑り止めになるうえに、革を保護する役目もあります。煮込みが足りない製品は、弽を汚しますので注意が必要です。

9.筆粉／筆粉入れ
筆粉はもみがらを燃やした灰で、弓手の手の内の汗や脂による滑り防止に使います。もともとは筆をつくるときに動物の毛の油を抜くために使ったことから筆粉と言われています。

試合に持って行くと便利な仕掛けなどの道具

10.麻ぐすね
切れた弦をわらじのように編んだもの。弦をこすってくすねを弦にしみ込ませ、弦を丈夫にするためのものです。

11.ナイフ

12.道宝
中仕掛けを締めるための道具で、一対になっています。日置吉田流の始祖・吉田重賢(よしだしげかた)が考案し、重賢の号「道宝」から名付けられたと言われています。

13.籐ベラ

14.仕掛け麻

15.ボンド

近的競技用の的

 直径36cm（一尺二寸）の通常の的には、星的と霞的がありますが、星的は中心がよく見えるためにねらいがつけやすく、おもに大学の試合や練習用として使われています。また、競射用として使われる直径24cm（八寸）的の場合にも、星的が多く使われます。星的は、中心が全体の直径の3分の1で、36cm的の場合は12cm、24cm的の場合は8cmになります。

 的のかけ方は、地上から27cmのところに的の中心がくるようにし、5度の傾斜をつけて立てます。

遠的競技用の的

 遠的競技の場合、1m的を使います。これを中心の高さが97cmになるようにし、15度傾斜をつけて立てます。

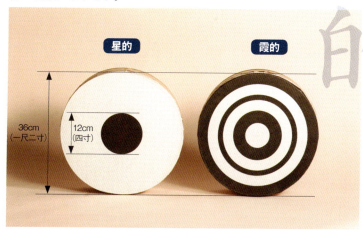

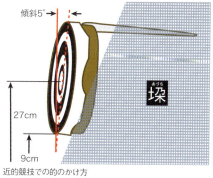

近的競技での的のかけ方

2 弓道の着装

正しい着装

国体などの大きな大会では、白筒袖、黒袴、白足袋が原則です。弓道衣はつねに清潔にし、シワや乱れがないように身に着けましょう。

胸当て

弦で胸を打たないように女性が身につけるもので、合成皮革やメッシュ素材などでできています。

自分の体型に合ったものを自作するのも良いでしょう。

白い弓道衣には白い胸当てを合わせます

足袋の履き方

足袋もシワや乱れを見せないことが基本です。足袋は靴のサイズよりも1サイズ（5mm）小さいものを選ぶと、シワが寄りません。

履く前にかかとから半分ほど裏返し（写真1）、つま先が余らないように履きます（写真2～3）。履きにくい場合は手前のこはぜだけ留めて、なじんできたら奥のこはぜに入れるようにします。

足袋の履き方を動画で確認

帯の締め方

きっちりと袴を着こなすには、帯を締める位置が重要です。引きずるような履き方をしてしまうのは、帯の位置が悪いからです。

男性はへその下、2～3cmくらいのところに帯の上辺がくるようにして腰をしっかりと挟むように（写真1～3）、女性は腰骨の上に帯の下を合わせて結び、お腹の部分を少し下げて背中では帯が少し上にくるようにします（写真5）。このように結ぶと、帯で身体が締められて上体の動きが固定されます。帯の位置が悪いと、身体がねじれることもありますので注意しましょう。

帯の結び方にはさまざまな方法がありますが、ここでは袴下の場合によく使われる片ばさみの応用を紹介しています

女性の場合
腰骨の上に帯がくるように結びます

帯の締め方を
◀動画で確認

袴の着け方

　ひと昔前までは、女性の場合、行燈袴（スカート形）を着用する場合も見られましたが、現在は男女ともに馬乗り袴を着用することになっています。

　袴の長さは、足踏みをしたときにくるぶしが隠れる程度、床に着かない長さが適当です。袴の紐も、帯と同様に前下がりに着けます。

　男性は、身体の前で紐をこま結びにし（上段写真4）、紐のあまりを左右両側で帯の下に折り込みます（上段写真5）。女性は、左紐が右紐の上になるように交差させて両側から後ろに巻き（下段写真3）、帯のすぐ下で蝶結びにします（下段写真4）。

　袴を着けたあとは、帯のあたりのシワを後ろにもっていき、しっかり中に入れます。女性の場合は胸当てで隠せるためにおろそかにしがちですが、シワのない着装を心がけましょう。

　いつもきちんとたたんでおくことも大切です。

男性の場合

女性の場合

袴のたたみ方はP166へ

袴の着け方を◀動画で確認

3 弓道場施設

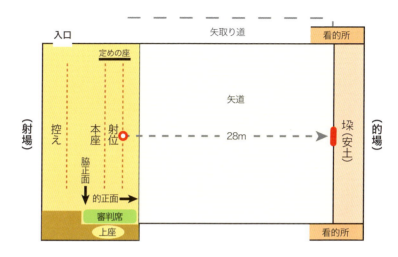

弓道場施設の名称

射位
的から28mの位置で、ここが身体の中心になるように足を踏み開いて射を行ないます。

本座
射位から3歩、約2m程度の位置で、射手が控えるところです。ここで揖(ゆう)をしたり、射礼のときは肌の出し入れを行ないます。

定めの座
射礼のとき、射手と介添えが全体に対して礼を行なう場所で、競技の場合は関係ありません。

審判席
競技会では審判員の、審査会では審査員の座る席で、射場内では上位者が座る場所です。

控え
畳敷き、あるいは椅子などをおいてある場所。休憩の場ではなく、射を見学する場所です。

的場
的を立て、矢を受けるために土や砂を盛ったところを垜(あづち)と言います。練習終了後には、的をはずして垜が乾かないように水をかけ、斜面を平らにするなど、かならず整備を行ないます。

矢道
射場と的場の間を矢道といいます。看的所(かんてきじょ)と射場を結ぶ矢取り道は、前後両方に、片方だけの場合は後方に設けられることが多いようです。

Column 1

竹製とグラスファイバー製はどうちがう?

高校生・大学生の道具選び

　昔に比べて、最近の高校生が引く弓のkg数は落ちてきています。これは単に、高校生の筋力が落ちているという問題ではなく、グラスファイバー製の弓の普及によるものです。竹製弓に比べるとグラスファイバー製の弓は、離れのときに振動が生じやすく、肘や肩や手首など、関節部分の故障の原因ともなるため、骨格がしっかりと安定するまでは、それほど強い弓を引かないほうがいいと思います。

　グラスファイバー製やカーボン製の弓は、弓の壊れが少ないうえに材質が均一ですから、ある程度同じように引けば的中精度は高くなります。一方、竹製弓は、夏と冬では状態が変わり、寒いときは竹が切れるなど、壊れることがしばしばあります。ですから、高校生や大学生のように矢数をかける場合には、グラスファイバー製やカーボン製の弓が適していると言えるでしょう。

　矢についても同じです。大学生の場合はジュラルミン製の矢を使用しますが、これも均一にできているため、扱いやすいのが利点です。竹矢は、曲がった竹をまっすぐにしてある分、湿気や暑さに弱く、乾燥で割れたりもしますが、上質な竹矢は直進性にすぐれ、弦音が冴えるという特長があります。高校生、大学生が矢数をかけるには、ジュラルミン製の矢がいいでしょう。

竹製弓具の詳細はP127へ

基本編 第2章
基本体
基本の姿勢と基本の動作

つねに自然体を保つことが大切

自然体とは、第三者から見て
不自然に見えない姿勢ということです。
人はそれぞれちがった骨格を持っていますから、
その人の骨格に合った姿勢をつくることが大切です。
ガチガチに硬くなってしまうような気をつけの姿勢は、
決して自然なものとは言えません。
胸をらくにして自然な呼吸を心がけ、視線は自然に落とします。
基本体には、4つの姿勢と8つの動作があり、
これらはすべての動作の基礎となりますので、
しっかりと身につけましょう。

1 基本の姿勢

基本の姿勢は次の4つに大別されます。
［1］立った姿勢
［2］腰かけた姿勢
［3］坐った姿勢（正坐）
［4］つま立って腰を下ろした姿勢（跪坐・蹲踞）

立った姿勢

男性は足を約3cmの幅で平行に開き、女性は足をそろえます。上体はうなじをまっすぐに伸ばし、耳たぶを肩に落とす気持ちで立ちます。口を軽く閉じ、胸をらくにして、重心を土踏まずのやや前におきます。両腕は、両もものやや前におきます。手のひら（掌）は伸ばすのではなく、少しくぼみを持たせます。

目づかいは、鼻頭をとおして約4m先に注ぎます。

立った姿勢を
◀動画で確認

男性は足を3cmほど開く

女性は両足をそろえて閉じる

腰かけた姿勢

なるべく深く腰かけ、背もたれに背がつかないようにします。上体は立った姿勢と同じです。足幅も同様で、男性なら3cm開き、女性はそろえます。このとき膝が開かないように気をつけます。手はももにおき、左右両人さし指の延長が、膝の中央にくるようにします。目づかいは、鼻頭をとおして約3m先に注ぎます（立った姿勢よりも頭の高さが低くなった分、手前に移動します）。

腰かけるときは下座のほうから椅子に回り込んで坐り、立つときも下座側に出ます。

腰かけた姿勢を
◀動画で確認

男性は3cm足を開き、女性はそろえる　　背が背もたれにつかないこと

上座・下座とは？
弓道場内では、神棚のある方向を上座と言い、神棚とは反対の出入口に近いほうを下座と言います。和室では、出入口から遠い床の間の前の席を上座と言います。

坐った姿勢（正坐）

男性は膝の間を拳ひとつ分開き、女性は膝をそろえます。上体は、立った姿勢と同じです。手はももにおき、左右両人さし指の交差する点が、膝の中央にくるようにします。左右の足の親指は、つけるか重ねます。

正坐を
◀動画で確認

立った姿勢と同じように、うなじをまっすぐに伸ばす

左右の足の親指は、つけるか少し重ねる程度

つま立って腰を下ろした姿勢（跪坐（きざ））

跪坐はつま先立って坐った状態で、いつでも立てる準備がととのった姿勢です。

正坐の姿勢で、つま先を立てます。つま先は身体の内側に入れ、左右のかかとが開かないようにします。ものを持った場合には、持っているほうの膝を生かします。「生かす」とは、単に膝を上げるのではなく、腰をつり上げるように意識すること。何かあったときに、パッと立ち上がれる状態です。膝を生かした場合、ももの角度は約45度になります。

腰をつり上げるように意識することが大切

○ 正坐からつま先を立てた正しい状態

× 左右のかかとが開かないこと

跪坐を◀動画で確認

つま立って腰を下ろした姿勢（蹲踞（そんきょ））

蹲踞とは、跪坐の姿勢から膝を浮かせた状態で、おもに屋外で控えているときに使う動作です。

両足をそろえたままつま先立って、膝をつかずに腰を下ろします。両膝の間隔は、拳ふたつ分程度です。

蹲踞を◀動画で確認

上体が前後左右にぶれないように注意

2 基本の動作

基本の動作は次の8つに大別されます。
[1] 立ち方
[2] 坐り方
[3] 歩き方
[4] 停止体での回り方
[5] 歩行中の回り方
[6] 坐しての回り方(開き足)
[7] 礼(坐礼・立礼)
[8] 揖(ゆう)

立ち方(跪坐から立つ場合)

跪坐の状態から呼吸に合わせて腰を切り(腰を伸ばし)、下座側の足から立ちます(写真では左足)。このとき左足はつま先をしっかりと床につけ、右膝の前に出ないようにします。

上体はまっすぐに自然体を保ち、前後にぶれたりしないように気をつけましょう。

正坐から立つ場合は、腰を伸ばしながらいったんつま先を立てて立ちます。

吸う息で腰を伸ばし、伸ばしたときに吐き、次の吸う息で足を出す。
ひと呼吸でひと動作を行なう

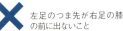

跪坐からの立ち方を◀動画で確認

✕ 左足のつま先が右足の膝の前に出ないこと

坐り方

吸う息に合わせて、足を半足（足の半分、つまりつま先が一方の足の土踏まずにくる程度）かかとが上がらないように引いて、息を吐きます。上体が崩れて腰が曲がらないように保ちながら、吸う息で腰を下に沈めていきます。

引いた足の膝頭を床面につけながら、腰で押すようにして前にずらすと、自然に両膝がそろいます。

腰を定め、片方ずつ足首を伸ばすと正坐になります。

かかとを床につけたまま、右足を半足引く

引いた足のかかとが上がっている悪い例

坐り方を◀動画で確認

歩き方

上体を崩さず、膝を曲げず、足の裏を見せないように注意して、後ろに残った足を引きつけるように歩きます。腰を軸に床の上を滑るような歩き方です。歩幅は、男性は2mを3歩半、女性は4歩半が基準ですが、体格によっては前後することもあります。呼吸は、射場を歩くときは一息二歩、本座から射位に行くときは一息一歩が基準です。

執弓の姿勢で歩く場合は、弓の先を床上10cmくらいのところで保ったまま歩きます。本座から射位に行くときは、1歩めをやや大きく踏み込んで、2歩め、3歩めを普通の歩幅で歩きます。1歩めを大きくするのは気合いを乗せるという意味合いです。反対に本座に戻るときは、1歩めを慎重に、やや狭く、あとは普通に運びます。

目づかいは、立った姿勢と同じく、鼻頭をとおして約4m先に注ぐ

執弓の姿勢は **P36へ**

歩き方を◀動画で確認

停止体での回り方

右に90度回る場合、右足のつま先に左足の土踏まずをT字にかぶせ、右足を左足にそろえます。

180度回る場合、まず右足のつま先に左足の土踏まずをT字にかぶせます。次に左足のかかとに右足をT字にかぶせ、左足を右足にそろえます。

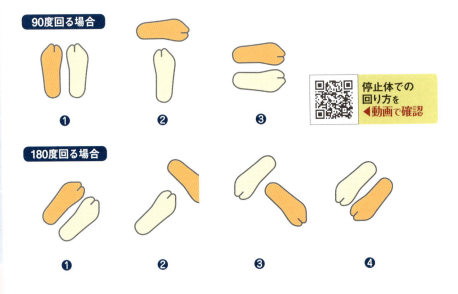

歩行中の回り方

右に向きを変えるときは左足を踏みしめ、右足先を左足かかとの近くまで引きつけたときに腰を回して、右足が左足とL字型になるように、踏み出して回ります。このとき右足（曲がる方向にある足）を大きく出しすぎると重心が崩れるので注意しましょう。

足だけでなく腰を使って回ること、そして上座に背を向けないことがポイントです。

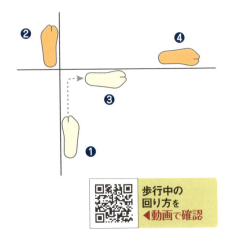

坐しての回り方（開き足）

跪坐の姿勢から、吸う息で腰をまっすぐに伸ばし、息を吐きます。回るほうに気持ちを向け、吸う息で腰を回しながら、左に回るときは左膝を右膝の先に90度につけます（骨格上難しければ、足の指先は90度の線上におきます）。かかとに尻をのせるように、腰を深く回して坐ります。

足で向きを変えるのではなく、腰で回るようにすることが大切です。

まっすぐに腰を伸ばし、回る方向に気持ちを向ける　左右の膝をつけ、つま先が床から離れないように腰を回す

開き足を◀動画で確認

礼（坐礼）

礼にはいくつかの種類がありますが、基準となるのは、上体を約45度傾ける折手礼です。手を身体の側面、膝頭に指先がそろうようにおき、上体をかがめていきます。指先から手のひらがつくように礼をしていき、手のひら全面が床についたところが約45度（手首の柔らかさによって、多少の個人差あり）です。上体をさらに傾けると、深い礼になります。

呼吸は、吸う息で身体を倒していき、倒したまま吐いて、吸う息で身体を起こします。これを三息の礼と言います。

上体を崩さず、背が丸まったり、襟首が折れたりしないように注意しましょう。

上体を約45度傾ける折手礼

深い礼の場合、自然に手を前に出していきます

坐礼を◀動画で確認

礼（立礼）

上体は坐礼と同様で、立ったまま腰を中心に折り曲げていくのが立礼です。

礼をするときは、上体をしっかりと起こし、一度背すじを伸ばすようにします。

手は太ももの横から自然に前に垂れていくようにし、指先が膝頭あたりにつくのが深い礼、それよりも若干浅い、45度くらいまで倒すのが基準の立礼です。これは人に見てもらいながら、自分に適した角度を身体で覚えるようにしましょう。

立礼を
◀動画で確認

腰を中心に上体を45度倒す基準の立礼

指先が膝頭につく程度倒すのが深い礼

揖

上体を腰から折るようにして、約10cm屈体させます。吸う息で倒し、吐く息で起こすのが基本です。

本座における最初の揖は「お願いします」、終わりの揖は「ありがとうございました」という意味を持ちます。

揖は上体を約10cm屈体させる

揖を
◀動画で確認

執弓の姿勢

執弓の姿勢で大切なのは、正面から見た場合に、矢の延長線が弦の延長上に、身体の中心で交わることです。横から見たとき、弓と矢が重なって見える構えです。矢は方向が定まりにくいですが、手の甲を下に向けるように意識すると安定します。

手は腰の前方、袴の紐のあたりに親指がくるように位置します。手の位置が決まれば、両手は円相になりますか

ら、自分で鏡を見てベストな位置を確認しましょう。

歩くときは、身体の中心に弓の先があることを意識します。手が離れると姿勢が崩れますので、両拳はしっかりと腰につけておきます。

矢の持ち方には、板付を隠す場合と、射付節を持つ場合があります。持ち方のちがいによって、足踏みの仕方や矢番え動作も変わります。

礼射系・武射系の動作のちがいはP47へ

執弓の姿勢を動画で確認

執弓の姿勢では、矢の延長線が弦の延長上に身体の中心で交わる

弓を持ったときの礼

弓を持った場合の礼では、弓と矢の構えが崩れないように注意します。横から見たときに、弓と矢が重なる形が理想です。

弓は床面から10cm上げているところがつねに視界に入るのでととのえやすいですが、矢は確認できないために羽根のほうが上がりやすくなりま
す。意識して締めると逆に、身体を起こしたときに矢が残ってしまうこともあるので気をつけましょう。

射礼の際に弓を持って定めの座で坐った場合、屈体がはじまるときに、右手を身体の横から膝頭の前か脇あたりに位置させ、屈体に応じて肘を曲げます。

弓を持ったときの礼を動画で確認

弓を持ったときの礼は、執弓の姿勢と同様、横から見たときに弓と矢が重なるのが理想

矢番え動作（坐射の場合）

身体の中心に弓を立て、弦を鼻筋に合わせます。

弓の下成節あたりの弦を持って返し、ある程度弦を返したところで弓を正しい位置に持ってくるようにします。

次に右手を弓の外側に運び、甲矢・乙矢を見分け、甲矢を左手の人さし指と中指の間にはさみ、右手を矢に沿って返し、筈を持って送ります。番える際は、弦を溝に入れるのではなく、筈を保ち弦に番えます。

以後の動作は、矢の持ち方によってちがいがあります（写真参照）。

矢番え動作（立射の場合）

弓の末弭を床面につけ、左手をゆるめて、弦を下に下ろします。身体の中央で手を組むようにして、坐射と同じように矢を番えていきます。

礼射系・武射系の動作のちがいは **P47へ**

矢番え動作（坐射の場合・立射の場合）を◀動画で確認

身体の中心に弓を立て、弦を鼻筋に合わせます。弓を返すときは、まずはじめに、弦をある程度返してから弓を正しい位置に持ってくるようにします

射付節を持った場合

筈を持って一度に送り込みます。甲矢を番えたら、乙矢の羽根を的のほうに向けて、走り羽を下にして薬指と小指の間ではさんで持ちます。最後に右手をもとの腰の位置に戻します

矢の板付を隠す場合

矢の中ほど（弦から約10cmのあたり）を一度送り込んで、次に筈を持って送り込みます。甲矢を番えたあと、乙矢の羽根を的のほうに向けて、走り羽を下にして中指と薬指の間ではさんで持ちます。最後に右手をもとの腰の位置に戻します

基本編
第3章
射法八節

射法・射技の基本

射法の基礎をしっかり学ぼう

1本の矢を正しく射る過程を射法と言いますが、
この射法を正しく習得するにあたってはまず、
その基本を知っておかなければなりません。

全日本弓道連盟編集の『弓道教本』では「射法・射技の基本」として、
「弓の抵抗力」
「基本体型（縦横十文字と五重十文字）」
「呼吸（息合い）」
「目づかい」
「心・気の働き」
の5項目を挙げています。

これら5つの基本を総合的に働かせることが
正しい射への第一歩となりますので、
しっかりと理解することが必要です。

1 弓の抵抗力

自分の体力と技量に合った弓を使用しましょう。弓が強すぎると引きが甘くなり、弦で腕をはらったり、矢所が定まりにくくなったりします。逆に弱すぎると、引きすぎたり、気力が充実せずに中途半端な引き方をしたりしがちです。

弓具の項目（P11）でも解説したとおり、適当な弓の強さは、同じ強さの弓二張の肩入れ（右指4本をかけて耳の後ろまで引き込むこと）ができる力の限度の2分の1だと言われています。たとえば20kgの弓二張を一度に引いて、これ以上引けないとなると、半分の20kgが相応だということです。上達するにしたがって弓力を強めてもかまいませんが、初心のうちはこの基準で弓を選ぶようにしましょう。

2 基本体型
（縦横十文字と五重十文字）

自然体、つまり骨格に合った自然な姿勢を終始崩さないことが必要です。縦横十文字とは、足、腰、脊柱、頸椎を結ぶ線を縦軸とし、胸を中心に両肩、両肘を結ぶ線を横軸として、これらが正しい十文字になるのが基本体型です。

足踏みをしたときに、両足先を結ぶ線が的を向いているにもかかわらず、腰が曲がっていれば、身体はねじれてしまいます。両足均等に足踏みをして安定させれば、腰や肩は動きにくくなります。ですから、縦横十文字を保つには、正しく足の筋肉を使ってしっかりと足踏みをすることが大切です。

五重十文字とは、射が進行するにしたがって形成される十文字のことで「弓と矢」「弓と押手の手の内」「弽（ゆがけ）の親指と弦」「胸の中筋と両肩を結ぶ線」「首すじと矢」の5カ所あります。それぞれの十文字がほぼ直角になって力が働くという言葉だと理解すればいいでしょう。

3 呼吸（息合い）

ここでいう呼吸とは、普段行なっている生理的な呼吸ではなく、動作を意識して行なう呼吸、息合いのことです。ひとつひとつの動作を意識して静かな呼吸をすることで血液の流れを正常にし、脈を一定にすると、心の動揺は少なくなります。いついかなるときでも静かで深い呼吸をすることが、心の安定と気力の充実をもたらすということなのです。

こうした落ち着いた息合いは、動作を生かし、最終的には離れのときの気合いの発動の原動力になります。静かで深い息合いが自然にできるよう、行射中だけでなく、小さな動作でも意識して呼吸することが大切です。

近年の研究では、脳幹の中でセロトニンという物質が分泌されることによって緊張や興奮といった状態が抑制されると言われています。セロトニンは、血液中の二酸化炭素が増すことで活性化します。このことからも吸気よりも長い呼気を心がけることの重要性がわかると思います。

4 目づかい

何かを凝視していると、そこに気持ちが集中してほかの活動がおろそかになることがあるため、目のつかい方は非常に大切です。自然に視線を落として、周囲のすべてに気を配るようにします。

弓を引くときも、身体のすみずみを意識する必要がありますので、的を凝視して視野を狭くせず、的には目をおいているという意識でいましょう。また、行射中に的を見るのは、足踏みをするときと弦調べ、そして物見をしてねらいを定めるときの3回しかありません。ですから目玉をキョロキョロ動かしてもいけません。視線が安定しないのは落ち着きのなさの表われで、逆に言うと視線を動かさないことが心の安定を保つ方法のひとつとも言えます。

5 心・気の働き

射を行なうとき、もっとも重要なのは心の安定です。心の安定がなければ、正しい動作も精神の充実もあり得ないからで、これは呼吸にも密接に関わるものです。

実際に弓を引く場合に「当ててみせる」「上手く引いてみせる」とか、逆に「当たらないのではないか」などと欲望や雑念が生じてしまうことは誰もが経験のあることでしょう。しかし、こうした動揺を抑えられるのもまた、自分の意思の力だけなのです。このように、自己統制による心の安定が要求されるところに、弓道の特徴があるわけです。

的中ばかりにとらわれず、一射ごとに反省を積み重ねて心の安定をはかり、気力を充実させていくことが大切です。

射法八節

八つの動作をひとつの流れとしてとらえよう

射法は昔から、
7つの項目にわけて考えられていましたが、
近世、これに「残心(残身)」を加えて「射法八節」としています。
これら8つの動作は、
ひとつひとつが独立しているのではなく、
すべてが相互に関連し合っています。
たとえば足踏みと胴造りはひとつとしても考えられますし、
これらがしっかりしていないと
射の進行にしたがって身体はねじれてしまいます。
射法八節は、すべての動作を
一連の流れとしてとらえることが大切です。

この章では、打起しの方法のちがいによって、
「弓構え」「打起し」「引分け」の解説を2種類にわけています。
それぞれの解説ページは以下をご参照ください。

P58　　　　　P72　　　　　P75,76
5 引分け　　6 会　　　　　7 離れ
　　　　　　　　　　　　　8 残心(残身)
P70　　　　　P72　　　　　P75,76

1 足踏み

踏み開く 広さ狭さの足間は
己が矢束の程にしたがへ
（弓道教歌）

Point 1
両足の親指を
結んだ線上に
的の中心があること

Point 2
両足親指先の間隔は、
矢束と同じ長さ

Point 3
足首の内側の
角度を約60度に
踏み開くこと

＊教歌解説……足踏みにおいて、踏み開く両足の間隔は何を基準となすべきかを詠んだもので、自分の引くべき矢束の程度にしたがって、両足の親指の間隔を定めるべきと教えている。

動作のポイント

- 弓を引く間、正しい姿勢をつくるための基礎となる足構え。胴造りの基礎となる。
- 的に対して正しく自分の位置を定める。
- 踏み開いたら土踏まずを意識して膝関節を自然に伸ばし、下半身を安定させる。

足の踏み開き方

足の踏み開き方には、流派によってふたつの方法があります（右表参照）。

執弓の姿勢をとるとき、矢の射付節（いつけぶし）を持つか、矢の板付（いたつき）を隠すかによって、足の開き方が変わります。

礼射系流派と武射系流派の動作のちがい	礼射系	武射系
矢の持ち方	射付節を持つ	板付を隠して持つ
矢番え	矢を一度に送る	矢を二度で送る
乙矢の打ち込み方	薬指と小指の間	中指と薬指の間
足の踏み開き方	一足で踏み開く	二足で踏み開く
足の閉じ方	一足で閉じる	二足で閉じる

射付節を持つ場合＝一足で踏み開く

的を見ながら、左足を的に向かって半歩踏み開き、的を見たまま、右足を左足にいったん引きつけて、右へ一足で扇形に踏み開きます。

一足で開く方法

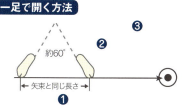

板付を隠す場合＝二足で踏み開く

的を見ながら、左足を的に向かって半歩踏み開き、視線を下に移して、右足を左足と反対に（的と左足のつま先の線を結んだ延長線上に）、矢束の分だけ踏み開きます。

視線を下に移すときは、的から矢道をとおすようにし、首が折れて姿勢が崩れることのないように気をつけましょう。

二足で開く方法

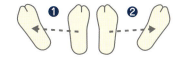

Check! 開き幅は矢束分・角度は60度が鉄則

以前は、女性は男性よりも踏み幅が狭くていいと言われていましたが、最近では女性の筋力や体力も向上しているため、踏み幅は男女とも同じく、自分の矢束分という基準で考えられています。踏み幅が広くなりすぎると、身体の構えは左右に強くなりますが、前後には不安定となり、矢は上に飛びやすくなります。反対に狭くなると、前後には強くなりますが、左右に弱くなり、矢は下に飛びやすくなります。

踏み開く角度は、60度より大きくなると前後に不安定になります。小さすぎると安定はしますが、膝や腰に負担がかかり、出尻鳩胸にしないと直立するのが難しくなるので注意が必要です。また、左右の足の角度がちがっていると、腰や肩がねじれるので、左右均等を心がけましょう。

2 胴造り

> 胴はただ 常に立ちたる姿にて
> 退かず掛からず反らず屈まず
> （弓道教歌）

Point 1
背すじ、頸椎を伸ばして自然に保ち、両肩の力を抜く

Point 2
胸の中筋（胸骨の中央の線）を、へその下まで貫くようにして縦線の伸びを意識

Point 3
足踏みの線、腰の線、両肩の線を平行にし、縦線の伸びと合わせて「三重十文字」を意識する

＊教歌解説……胴造りでは、前後左右にぶれることなく、自然にまっすぐに立つことが大切だと説いた歌。

動作のポイント
- □ 胴造りは終始行射の基盤となる動作。
- □ 基本の姿勢にある「立った姿勢」(P29)を意識して、上体を自然に保つ。

弓の構え方

左膝頭に弓の本弭(もとはず)をおいて、番えた矢の筈が身体の中心にくるようにします。右手は執弓(とりゆみ)の姿勢のときの位置（腰の前方、袴の紐のあたりに親指がくる）にしっかりとおきます。

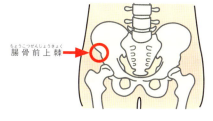

筈が身体の中心にくるように構え、右手は真横ではなく、腰骨前面（腸骨前上棘あたり）に位置させる

腸骨前上棘(ちょうこつぜんじょうきょく)

Check! 近的射には「中胴」が適している

胴造りには、反、屈、懸、退、中の五胴(五身)があります。これらは昔、戦の場での応用動作として、目標の位置や距離に合わせて使い分けられていました。

【反る胴】
上体が後ろに反り返り、矢は後ろに行きやすくなります。遠距離を射るのに適した胴造りです。

【屈む胴】
上体が前屈し、充分な伸びが得られなくなります。船上など揺れの激しい場合や鎧を着たときの胴造りです。

【懸る胴】
身体が的のほうに突っ込む胴で、押手の力が働きません。的が近いときや低いときに適しています。

【退く胴】
身体が的と反対側に傾く胴造りで、これも押手の力がきかなくなります。遠方や高いところのものを射るには適しています。

【中胴】
両足、両腰を安定させた中正な胴造りで、身体がもっとも安定します。近的射には、この胴造りが適しています。

五胴の詳細は **P86へ**

3 弓構え（正面打起しの場合）

※まずは、正面打起しの場合について、弓構えから引分けまでを解説します。

> 弓構えは　左右の拳　腰の詰
> 張合ふ気をば腹に鎮めて　　（弓道教歌）*1

弓構えには「取懸け」「手の内」「物見」の3つの動作が含まれています。
胸をらくにして弓懐※を心がけましょう。弓構えは、引分けでの胸の開きに大きく影響します。

※弓懐／大木を抱くような気持ちでゆったりと両腕を構えること。

(1) 取懸け

> 勝手をば　大事になせよ虎の尾を
> 握る心と思いさだめて　　（弓道教歌）*2

動作のポイント

- □ 矢番え後に呼吸をととのえ、馬手を始動すると同時に、弓手も中央にくるように動かし、弽の親指の弦枕に弦をかける。
- □ 弽は弓を弾くための道具。スムーズに離れが出るよう工夫しておかなければならない。
- □ 引っかかりのない離れを出すためには、正しい取懸けをすることが大前提。

矢番え動作の詳細は **P38へ**

Point 1
親指で弦を押さえない
（離れが出にくくなる）

Point 3
筈の位置は、帽子の付け根から筈ひとつ分上

Point 2
矢を握り込んだり、押さえたりしないこと

---

*1 教歌解説……弓構えでは左右の拳の位置に注意し、張り合う気持ちを丹田に収めて気持ちを落ち着けるよう説いた歌。
*2 教歌解説……「取懸けでは勝手の力の入れよう」と説いた教歌。応分の力で親指を押さえれば良いという教え。

取懸けの方法

使用する弽の種類によって、取懸けの仕方がちがいます。

【三つ弽の場合】

中指で親指を押さえて、これに人さし指を添えます。

中指と人さし指の両方を親指の帽子にかける方法もあります。強い弓を引く場合に引きやすいかけ方ですが、ある程度の訓練が必要です。

【四つ弽の場合】

薬指で親指を押さえ、中指と人さし指を添えます。

どちらの場合も弦を握り込まず、親指を伸ばして柔らかくととのえます。二の腕を使い手の甲を軽くひねり、自然に帽子が斜め前を向くようにします。

Check! 取懸けの悪い例と引き起こされるトラブル

まちがった取懸け方法は、思わぬトラブルや射癖を引き起こすため、正しい取懸けを身につけることが大切です。

✗ 矢を握り込んでいる
→離れが出にくくなる

✗ 親指が上を向いている
→矢が上に行きやすい

✗ 手首が折れ曲がって十文字が崩れている
→筈こぼれや空筈をしやすくなる

✗ 筈の位置が下すぎる
→離れが出にくくなる

✗ 筈の位置が上すぎる
→筈こぼれしやすくなる

○ 弦と弽の十文字が保てている良い例

(2) 手の内

Point 1 中指に親指を重ねて手の内を小さくつくり、弓が絞れるようにする

Point 2 弓を固く強く握らないこと

Point 3 手首は柔らかく保つ

素手の状態での正しい手の内の形

動作のポイント

- □ 手の内は、弓の力を効率よく矢に伝え、弓の性能を最大限に生かすためのもの。
- □ 的中を左右する手の内は大三で定まるため、大三でベストな状態になるように手の内をととのえる。
- □ 理想的な手の内を示す「卵中」(弓と手のひらの間に卵をはさんでいると想定して握るよう教えたもの)とは、弓を固く握りしめず、柔らかく持つことを表わしている。

「弓の巻き込み」は無理に行なわないこと

手の内をととのえるとき、親指と人さし指の間の股で「弓を巻き込むように」と言われますが、正面打起しの場合は、弓構えの段階で弓を巻き込む必要はありません。

弓構えで手首を柔らかく保ち、拳を水平に打起こせば、弓の重さを感じて自然に弓を巻き込むことができます。手首に力を入れていると、打起しの際に弓が照ってしまい、手の内も崩れてしまいます。

手の内のととのえ方

　親指をまっすぐに伸ばして、人さし指と親指の間の皮（虎口）で弓を受けます。親指と中指の先端で輪をつくって弓を支え、そこに薬指と小指をそろえてつけます。この三指（中指・薬指・小指）の指先は弓の内竹に当てるようにし、さらに天紋筋を外竹の角につけます。

　中指・薬指・小指の三指が握る動作をすると、手の中で弓が回らなくなるうえに、親指の付け根（角見）で押していく力に対して反対の力が働くことになりますから、握ってはいけません。

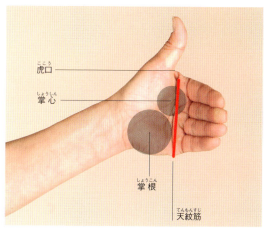

弓と手の間に隙間が開いている悪い例。掌根でしっかりと弓を受けるようにすること

Check! 強く握ることで引き起こされるトラブル

手の内は、強く握らず、柔らかくつくります。弓構えの段階でギュッと弓を握り込んで手の内をつくっている人もいますが、手の内は先に絞るのではなく、最終的に会で絞れるようにつくるのが大切なことです。

× 弓をギュッと握り込んでいる → 打起しで弓が照る　　○ 弓の重さを感じながら軽く握っている → 弓と身体の平行が保てている

（3）物見

Point 1 肘は突っ張らず、弓懐を心がける

Point 3 右目頭・左目尻での目づかいを心がけること

Point 2 板付→矢道→的と、自然に目線を移すこと

（横から）

自然に振り向いた感じで顔を向ける

> 顔持ちはやよとて人の呼ぶ時にいると答えて見向く姿ぞ （弓道教歌）

＊教歌解説……無理のない物見の仕方を詠んだ歌。「やよ」は「やあ」といって人に呼びかける語、「いる」は「居る」「射る」にかけた言葉。「物見の顔の姿勢は、やあと人が呼びかけたとき、いると返事して、何気なく左に振り向いた姿が、無理のない物見だ」と教えている。

**動作の
ポイント**

☐ ここで定めた物見は、残身そして弓倒しまで動かしてはならない。
☐ 顔向けの角度によって胴造りが崩れることがあるので注意する。

物見の仕方

手の内をととのえたあと、再び正しい胴造りを意識して、大木を抱くような気持ちでゆったりと構えます（弓懐）。

矢に沿って視線を移し、板付（矢尻）から矢道をとおって自然に的を見るようにします。板付から一気に視線を移さないように注意してください。このとき、無理に顔を的方向に向けるのではなく、人に呼ばれて自然に顔を向けた感じで、的方向を向きます。右目頭・左目尻を意識するとねらいが良くなります。

物見をしたあとはまばたきをしてはならないという教えがあります。目を開いていれば乾燥して瞬きせずにいることは難しいですから、カッと見開かないことを心がければいいでしょう。いずれにしても修練が必要です。

最近学生に多いのは、顔を向けすぎて頭が直立しているパターンです。直立すると耳をはらう原因にもなります。頬付けの接点が、身体の前面にくるようにすると良いでしょう。

Check! 顔向けが悪いと引き起こされるトラブル

顔向けの角度や深さ（浅さ）によって、射形が崩れることがあるので注意が必要です。

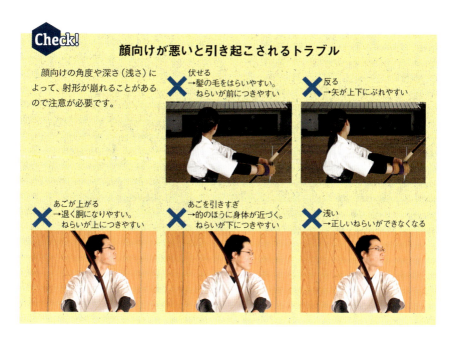

✗ 伏せる
→髪の毛をはらいやすい。ねらいが前につきやすい

✗ 反る
→矢が上下にぶれやすい

✗ あごが上がる
→退く胴になりやすい。ねらいが上につきやすい

✗ あごを引きすぎ
→的のほうに身体が近づく。ねらいが下につきやすい

✗ 浅い
→正しいねらいができなくなる

4 打起し（正面打起しの場合）

風もなく　空に煙の立ちのぼる
心の如くうちあげよかし
（弓道教歌）

Point 1
矢を水平に
保ちながら
上げること

Point 2
弓の本弭が
身体の中心に
くるように

Point 3
打起しの
高さ（角度）は約45度

45度
（横から）

＊教歌解説……微風もなくのどかな空に、煙が前後左右に揺れもせず静かにすうっと立ち昇るように、早すぎず遅すぎず、落ち着いて打起こすという教え。

**動作の
ポイント**

- ☐ 的に視線を注いだまま、胴造りが崩れないように静かに矢と弓を打上げる動作。
- ☐ 拳や肩に力が入らないよう腕全体で打起す。
- ☐ 心身ともにのびのびした気持ちで、胴造りが崩れないよう、縦線の伸びを意識する。

打起しの方法

弓構えの位置から、呼吸に合わせて弓を静かに垂直に上げていきます。

矢は水平かつ身体と平行で、打起す角度は45度を目安にします。

肘は弓懐（きゅうかい）を意識し、伸ばし気味のほうがいいでしょう。

打起す際、右手が誘導して弓手（ゆんで）が従っていくように意識し、手首を柔らかくすると、弓手の手の内が少し上押し気味になり、大三での手の内が定まりやすくなります。

打起しでの息合い

打起しでの呼吸には、ふたつの方法があります。

ひとつは吐く息で打起す方法で、吐きながら上げていくと、肩は下に沈んだまま保つことができます。

吸う息で上げる場合は、上がりきったところで吐き出し、肩を落とすようにします。

どちらの場合も静かな呼吸を心がけ、肩が上がらないよう注意しましょう。

Check!

左手首は弓に対して直角に

⭕ 打起しでの正しい手の内　　❌ 左手首が弓に直角でない悪い例

左手首は弓に対して直角の状態で打起し、引分けていきます。親指と人さし指でつくった輪の面が、水平移動すると考えましょう。

親指と人さし指の面を水平移動させよう

❶ 弓構え → ❷ 打起し → ❸ 引分け → ❹

弓構え〜打起し〜大三では、親指と人さし指でつくった輪を水平に移動させます。素手での練習を繰り返し、身体で覚えましょう。

5 引分け（正面打起しの場合）

※写真は大三以後、引分け後半の状態です。

（上から）

Point 1
矢先は水平か、または
わずかに下を向く

Point 2
縦線の伸びを意識して、
左右均等に引分ける

Point 3
手先で引くのではなく、
胸を割って
身体を開くようにして
胸部・背部を使うこと

引取りは　実に大鳥の羽をのして
雲井を下る心得ぞよき

（弓道教歌）

＊教歌解説……大きな鳥が翼を伸ばし、悠々と大空を舞い下りるように引分けるのが良い、と説いた歌。

> **動作の
> ポイント**
>
> ☐ 引分けの方法には4種類ある。
>   1. 正面に打起し「大三」を考えながらも、途中で止めずに引分ける
>   2. 正面に打起し「大三」をとって引分ける
>   3. 左斜面に打起し、途中で止めずに引分ける
>   4. 左斜面に打起し、途中「三分の二」をとって引分ける
>
> ☐ いずれの場合も、胸を割って左右均等に引分けることが大切。

「大三」をとる場合の引分け

　「大三」は「押大目引三分一(おしだいもくひけさんぶんのいち)」の略で、羽引き分(はびき分)(弓構えしたときに開いている分)を除いた残りの矢束3分の1をとる、つまり全体の矢束のまん中程度までとることを言います。力の釣り合いや手の内などを確かめる、最後の確認段階です。

　矢はほぼ水平、または矢先がわずかに低い程度(水流れ)にして身体と平行に運び、矢先が上がらないように(鳥差し(とりさし))左右均等に引分けます。

　左肘のあたりに的が見える位置、右手の拳は、的を見たまま視野に入るところに大三を定め、弓手の手の内をととのえます。このとき、弓の内竹右角(うちだけみぎかど)を親指の付け根でしっかりと受け(角見(つのみ))、打起しから大三に移行しながら、弓構えでととのえた親指と中指の輪が崩れないように、輪の中で弓を回します。弓を回しながら内竹の中央付近から圧力を受ける感じで手首を入れ、虎口(ここう)で弓を受けます。

　右手は肘を張り上げるようにして手の甲が天井を向くようにひねり、鞢(ゆがけ)の帽子が自然に斜め前を向くようにします(的には向けない)。

　大三以後(P58写真)は、矢と身体の平行を保ちながら、とくに引分け後半(目通りを過ぎたあたり)は胸部・背部の筋肉を使って身体を開くようにして左右均等に引分けます。身体の開きとは、背筋を伸ばすことによって肩甲骨を寄せて、胸をぐっと開くことです。手先だけで引いていると身体が横に伸びず、ゆるみの原因ともなります。弓は左右の押し引きで考えるのではなく、身体を開いて弓の中に割って入るように引分けるものと考えましょう。

　左手拳を的の中心に向かって押し進め、右手は矢束いっぱいに引き、ねらいをつけ、口割りの高さで矢が頬につく(頬付け(ほおづけ))ように引き収め、弦は軽く胸につけます(胸弦(むなづる))。ここが「会」の第一段階です。ねらい、頬付け、胸弦は同時に定まるようにします。

> **Check!　水流れ・鳥差しとは？**
>
> 【水流れ】
> 水を落とすと筈から矢先に向かって水が流れる程度に矢先を低くすること。
>
> 【鳥差し】
> 鳥を撃つ場合に矢先を上げることから言われる言葉。危険防止のために、近的射では鳥差しにならないよう充分注意する必要があります。

大三

Point
足踏みの線、腰の線、両肩の線が一枚に重なる「三重十文字」を意識する

打渡す烏兎の梯橋直ぐなれど
引渡すには反り橋ぞよき （弓道教歌）

（上から）

的を見たまま、右手が視野に入るくらいのところに大三を定める

＊教歌解説……大三から会にいたるときの、勝手の移行方向と力の働き方を教えたもの。「大三で左右両拳に打ち渡された矢の懸橋は一直線だが、この矢を引き込んで会に入るには反り橋のような弧形が良い」と言っている。

動作のポイント

- 引分けから弓の押し引きがはじまり、構えが崩れやすくなるので、大三では胴造りでつくった「三重十文字」を崩さないように注意・確認しよう。
- 弓手の手の内は、手首の脈所を伸ばしながら、弓が絞れるようにする。
- 右手は肘を張り上げるようにして、手の甲が天井を向くように自然にひねる。

大三での手の内の働き

○ 弓の内竹右角を親指の付け根でしっかりと受ける

× 親指の付け根が弓につくベタ押し

× 手首が入りきれていない、控えすぎ

× 手首が入りすぎ

大三での手首の角度

× ベタ押しになり、手首が内側に折れている

○ 手首が弓に対して直角になっている正しい例

× 上押しになり、手首が外側に折れている

右手のひねり具合

右手は、弦を握り込まないように注意してください。本来は、写真のように三指（人さし指、中指、薬指）を親指にのせない状態でも引分けることができるもの。肘を張り上げるようにして手の甲が天井を向くようにひねり、鞢の帽子を自然に斜め前に向ければ、指先に力を入れることなく会へと移行できます。

Check! 動作の継ぎ目は慎重に行なうこと

打起しから大三、大三から会へと移行する中で、動作の継ぎ目は構えが崩れやすくなるため、細心の注意をはらいましょう。動作の途中は、動きの勢いを崩さないようにスムーズに行なうと、遅速なく引くことができます。

大三は一見止まっているかのように見えますが、心身ともに張りは続いている状態です。深い呼吸に合わせてゆったりと静かに引分けていくことが大切です。

また、大三での適当な位置や高さをうまく定めないと、引分け後半の動作が難しくなってきます。とくに、大三の位置が高い人は、会にいたるまでに腕の角度が変わり、筈こぼれの原因になるので注意が必要です。

3 弓構え（斜面打起しの場合）

※ここからは、斜面打起しの場合について、弓構えから引分けまでを解説します。

(1) 取懸け

手の内は　物をおっ取る心にて
大指あけず柔かにとれ　　　（弓道教歌）

Point 1
弦に対して弽の親指が直角になるように弦枕を当てる

取懸けの方法

　番えた矢筈の下約10cmのところに、弦に対して弽の親指が直角になるように弦枕を当て、中指の第一関節を親指の先端より少し手前に乗せて、人さし指を添えます。

　人さし指は、中指と同じように親指に直接乗せる方法と、中指の上へ積み重ねるように添える方法があります（Check!参照）。その後、弽をそのまま上へすり上げ、筈が親指と人さし指の中間より少し下にくる位置で、矢を包み込むように軽くひねりを加えます。

＊教歌解説……手の内をととのえるときは、何気なく物を取り握るような心持ちで弓を握り、親指と中指との間を空けないように、しかも力を入れて握り締めることなく、柔らかに取れという意味。

動作のポイント

- 弓を手にして的に向かうにあたり、「取懸け」は射手と弓・弦・矢との接点であり、「手の内」は射手と弓との接点、「物見」は目標物である的を見定めるという重要な役割を持っている。
- 五重十文字のひとつである「弽の親指と弦」が正しく十文字になるよう、意識して行なう。

五重十文字の詳細は **P41へ**

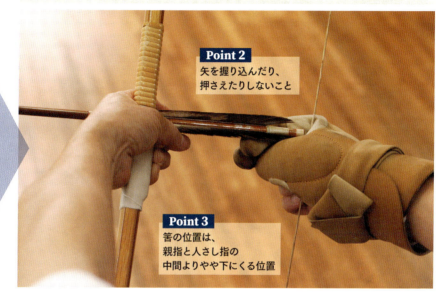

Point 2 矢を握り込んだり、押さえたりしないこと

Point 3 筈の位置は、親指と人さし指の中間よりやや下にくる位置

Check! 正しい人さし指の添え方を身につけよう

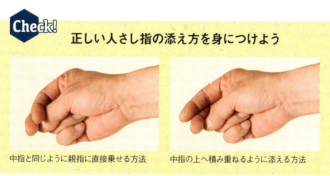

中指と同じように親指に直接乗せる方法 / 中指の上へ積み重ねるように添える方法

(2) 手の内

Point 1
中指を差し込むとき、
親指と小指が
ずれないこと

Point 3
力を入れすぎず、
弓の抵抗力に応じてひねる
（強くひねると形が崩れる）

Point 2
握り皮に対して掌の皮が
滑ることなく、
会まで同じ状態を保つこと

動作のポイント

- □ 相手の作戦を推察する「手の内を読む」という言葉は、弓道の「手の内」が語源だと言われている。
- □ それだけ重要なものであるのと同時に、手の内をつくり直すことは作戦失敗を認めることになるので慎まなければならない、ということも示している。

Check! 日置流（へきりゅう）の「紅葉重ね（もみじがさね）」とは？

手の内をととのえると、薬指が少し浮き上がった形になります。日置流では手の内のことを「紅葉重ね」と言いますが、それはこのように指が浮き上がった形を指しているのではなく、手の内のととのえ方そのものを示しています。

手の内のととのえ方

身体の軸と各十文字が崩れないように弓を左前方へ移動して左手を軽く開き、弓の内竹面の幅右7左3の位置、籐頭（とがしら）より少し下のところへ、虎口（ここう）（親指と人さし指の間のもっとも深いところ）を当てて、少し手首を上げる意識で手の皮を下に巻き込みます（写真1）。

次に天紋筋（てんもんすじ）が外竹左角（とだけひだりかど）に沿うようにし、親指の付け根と小指の付け根が近づくように小指を弓に巻き込みます（写真2）。その上に薬指を添え、親指と薬指のすき間に潜らせるように中指を差し込んで（写真3）、三指（中指、薬指、小指）の爪の先がそろうようにします（写真4）。

弓に虎口を当てて手の皮を下に巻き込み、中指、薬指、小指の三指の爪の先がそろうようにととのえていく

左前方への押し開き方

左前方へ弓を移動させるときは、右腕で引くのではなく、押し開くようにします。右肩の正面位置に右肘があるように張りを保ち、弓手を的方向へ押し開きます。押し開く幅は、体格によって個人差がありますが、自分の矢束の3分の1程度が適当です。左へと押し開くにしたがって、手の内に正対するように顔も動かします。目だけで動きを追わないように注意しましょう。

(3) 物見

Point 1
板付→矢道→的と、
自然に目線を移すこと

Point 2
右目頭・左目尻での
目づかいを心がけること

Point 3
顔向けは自然に
振り向いた感じで

| 動作の
ポイント | □「射法・射技の基本」(P40参照)にもあるとおり、「目づかい」はすべての動作の基本ともなる重要なもの。
□ 取懸け、手の内の際にも注意し、弓を左前方へ移動するときも目だけで追わずに、顔全体が手の内の方向に向くようにする。 |

物見の仕方

　左前方へ押し開いた位置で視線を板付(矢尻)まで移動し、的に顔を向けます。左方向から呼ばれて、自然に振り向いた感じで的を向くようにします。「目尻目頭」つまり左目の瞳が目尻に、右目の瞳が目頭の位置にくるのが理想です。個人差がありますが、顔は的に正対(角度で言えば90度)するのではなく、少し手前までで良いでしょう。

視線は「目尻目頭」が基本

板付を通して目線を移動

左前方へ押し開いたら、目だけではなく、顔全体が手の内の方向に向くようにしながら、次第に板付へと視線を移し、的に顔を向ける

Check! 深すぎる物見は耳をはらう原因に！

　会に入ると、「弓・弦・矢」の面に頭の一部が入ることになりますが、物見が深いと耳までが入ってしまいます。初心のうちは手の内の働きが弱く、離れも弱いので、ちょっとした失敗によって弦で耳をはらうことにもなりかねません。顔向けの角度や入りすぎには充分注意しましょう。

4 打起し（斜面打起しの場合）

（横から）

Point 1
手先で打起さないこと
（各十文字に狂いが
生じるため）

Point 2
扇形で、かつ
前方遠回りを
しないように開く

Point 3
手の内と取懸けの十文字、
三重十文字が崩れないように

風もなく　空に煙の立ちのぼる
心の如くうちあげよかし
（弓道教歌）

＊教歌解説……微風もなくのどかな空に、煙が前後左右に揺れもせず静かにすうっと立ち昇るように、早すぎず遅すぎず、落ち着いて打起こすという教え。

動作のポイント

- □ 打起しは、弓構えの位置からそのまま持ち上げる動作。
- □ 弓構えでは、矢は斜め下を向いているが、打起し完了の位置ではほぼ水平、あるいはやや水流れになる。

水流れの詳細は **P59へ**

打起しの方法

打起しは、左右の肩を中心として扇形に開く動作です。肩がコンパスの軸（針）、両手首がコンパスの先と考えるとわかりやすいでしょう。ただし、扇形の動きだからと言って無理に前方に遠回りをしないよう注意しましょう。

右腕が"主"で左腕が"従"になるように、とくに右肘から右手首を動きの中心として意識し、左腕はそれにしたがって動かします。

打起こす角度は45度が目安ですが、左肘に的がかかる程度、右目で見ると肘が的にかかり、左目で見ると肘の横に的が見える位置が適当です。この位置で矢が少し水流れになり、上から見ると矢と肩が平行になるように右肘の位置を決めます。

弓・矢・弦の面は、床に対して垂直かやや前傾になります。

左右の肩を中心として扇形に開く

Check! 打起しでの呼吸のリズムは？

吸う息で打起します。打起しの終わるころには吐く息にし、吸う息で引分けがはじまるようにします。吐く息に変わったとき、打起した弓と矢が下がらないように注意しましょう。

5 引分け（斜面打起しの場合）

（横から）

Point 1
矢先は水平か、または わずかに下を向くこと

Point 2
縦線の伸びを意識して、左右均等に引分ける

Point 3
手先で引くのではなく、胸を割って身体を開くようにして胸部・背部を使うこと

如何程も　剛きを好め押す力
曳くに心の有りと思へよ
（弓道教歌）

＊教歌解説……引分けの際は、勝手の方に心が移って、引く力が強くなりがちなもの。勝手の引く力に負けないように、押手の押す力を意識して練習せよ、という教え。

動作のポイント
- 打起し位置から会まで引き絞る動作。
- 斜面打起しの場合、引分けの方法には2種類ある。
  1. 左斜面に打起し、途中で止めずに引分ける
  2. 左斜面に打起し、途中「三分の二」をとって引分ける

「三分の二」をとる場合の引分け

引分けでは、弓手から動きはじめる気持ちが大切です。

これは、まっすぐ伸びた左腕よりも肘を曲げた右腕のほうが力が入りやすいため、無意識に引分けると、矢が上を向いた状態になり、矢と肩の平行が保たれないからです。つねに「弓手3分の2弦を押し、馬手3分の1弓を引く」気持ちを持つようにしましょう。右腕の動きは、打起し完了の位置と会の位置を結んだ直線よりも、やや外を回るように動くことが理想です。

弽が耳を過ぎ、矢の高さが眉から目のあたりにきたところで三分の二をとります。

三分の二は止まっているように見えますが、力はつねに働いている状態です。ここで肩のおさまり具合や左右の肘のつり合いを確認し、弓の力を背中で受けるよう意識します。

三分の二以後、会までは、矢と肩の平行に気を配りながら引きおさめ、矢が頬骨の下についたところで会に入ります。会におさまったとき、首筋と矢の十文字が形成され、五重十文字すべてが完成することになります。

Check! 自分に合った呼吸法を見つけよう

引分けは吸う息ではじまります。吸う息によって胸が開き、身体全体で弓を引くことにつながるからです。三分の二をとるところで吐く息に転換する人もいますが、吐くと言っても鼻から漏れる程度です。基本的には、吸う息で引き絞り、途中吐く(漏れる)息に変わって会に納まるようにします。三分の二から軽く吸いながら引きはじめる人もいます。呼吸法に絶対的なものはありませんから、個人でそれぞれに工夫をして、自分に合った方法を探すようにしましょう。

6 会

持満とは　矢束一杯ひき詰めて
放れ際まで息にさはらじ　　（弓道教歌）

Point 1
縦横十文字を意識し
「詰合い」を充実させる

Point 2
心を安定させて
気合いの発動をうながす
「伸合い」の状態を
保ち続けること

Point 3
ねらいは、弓の左側に
半分的が
見えるように定める

（横から）

＊教歌解説……会では心を澄ませて呼吸をととのえ、的のねらいを定めて離れの瞬間まで気力を充実させることで、離れの臨界点に達することができると説いた歌。

**動作の
ポイント**

- これまでの諸段階はすべて、会に到達するために行なってきたもの。
- 会は気力を充実させて離れを出すための最終段階だが、引分けの完結形ではなく、無限に引分けている状態。
- 引分けを続け、頬付け、ねらい、胸弦ができた時点ですでに、会の第1段階に入っている。
  このあと、上下左右に伸び、気力を充実させて離れの機を熟させていくときが第2段階、つまり最終的な会になる。
- 会においては「詰合い」と「伸合い」が重要になる。

「詰合い」

「詰合い」は、縦横十文字の働きのことです。

縦横十文字の縦線とは、足踏みの線、腰の線、両肩の線が、上から見たとき1枚に重なることが基本条件で、これを「三重十文字」と言います。うなじから背すじをとおって、足踏みの重心線に下りる縦線が、3本の横線と正しく十文字（直角）になるのが縦線の構成です。上体だけで言えば、背すじを伸ばして姿勢を正した形です。

横線の構成は、胸を起点として見たときに、左右両肩の張り合い、弓手の角見と右肘の張り合いが均等であることが条件で、これを「五部の詰※1」と言います。「五部の詰」ができてはじめて「四部の離れ※2」に近づくことができます。

「伸合い」

「伸合い」とは、気力の充実のことです。縦横十文字を軸として心を安定させ、気力の充実によって気合いの発動をうながします。たとえばふくらんだ風船が今にも弾けそうな状態、または葉っぱの先にたまった雨露がいつ落ちてもおかしくないような状態です。

このとき、当てようという欲望が強すぎたり、自分自身の射に迷いや疑いが生じると、張りつめた伸合いは崩れてしまいます。弱い心に打ち克ち、自分の中に秘めている強い心を鼓舞しなければならないのです。

※1「五部の詰」／左右の肩、角見と右肘、胸の5カ所を張り詰めること。
※2「四部の離れ」／「四部」は「五部」から胸を除いた4カ所のことで、最高の離れを言う。
　　「紫部」と書いて、高貴な色を示す「紫」で表すこともある。

ねらいのつけ方

　会においては、矢は正しく的の中心線に向かっていなければなりません。両眼を開いて右目主体で的を見たときに、弓の左側に半分的が出ているのが基準のねらいです。ただし、自分がねらっているつもりでもまったくちがうところに矢が向いている場合がありますので、矢の方向は第三者に見てもらって正しい位置を確認し、胴造りや物見を修正して基準のねらいになるようにします。他人が見て矢の方向が見えないのは、正しい物見ができていない証拠。ねらいが悪くても的中する場合は、どこかに癖のある中りのはずです。

頰付け・胸弦

　頰付けと胸弦は、正しく引けているという指標のひとつになります。

　頰付けは、頰骨の下から口割りの線の間で、矢が頰につくようにします。口割りの線でなければならないという教えもありますが、骨格によっては口割りまで下がらないこともあります。

　胸弦は、ついている位置がつねに安定していることが条件です。普段は胸の真ん中についているのに右のほうに寄ってしまう場合などは、力んでの引きすぎが考えられます。逆に左に寄る場合は、引きが足りないと言えるでしょう。落ち着いて冷静になることで、こういった変化に気づくことができるようになることも必要です。

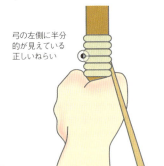

弓の左側に半分的が見えている正しいねらい

Check! ねらいが悪いと射形が崩れる

　正しいねらいは、自分では判断がつかないことが多いので、射位についた状態で第三者に真後ろに立ってもらい、筈から矢をとおしてねらいを確認してもらいましょう。
　また、ねらいが悪いと射形（とくに離れ）も崩れるため、射形を見ることで、ある程度ねらいのミスを発見することもできます。以下に一例を挙げます。

- ねらいが前すぎ　→離れで振り込む、馬手がゆるむ
- ねらいが後ろすぎ　→前押し離れや馬手切れ
- ねらいが上すぎ　→弓手肩が上がる。切り下げ離れ
- ねらいが下すぎ　→突き上げ離れ

正しいねらいを第三者に確認してもらおう

身長が同じくらいの人の場合、視線を矢先に合わせてねらいを確認

自分よりも背が高い人のねらいを見るときは、屈んで下から確認

7 離れ

よく引いて　引くな抱えよ持たずと
離れを弓に知らせぬぞよき　　（弓道教歌）

＊教歌解説……矢束いっぱいに引ききったら、それ以上は無理に引きすぎないようにという教え。むやみに持ちすぎず、離れの機を熟させていくことが大切だと言っている。

動作のポイント

- 離れは、右手の帽子の弦枕から弦が離れる状態を言う。
- 離れは自然に出るものだと考えている人もいるが、そうではなく、自分の意志（気力の発動）で離さなければならない。
- 「自然な離れ」とは、第三者の見た目に不自然でなく、まるで自然に矢が離れていくように見える離れのことを言う。

左右均等な離れ

　最初のうちは、弓を持たずに右手の離れ方を習得しましょう。自分の指を使って何度も練習することで、離れる状態を覚えます。

　理想の離れとは、五部の詰合いで気力を充実させていき、背中から胸を開いたように離す形。このとき、右手だけで離すのではなく、弓手も押し込みつづけることが大切で、あくまでも左右均等であることが鉄則です。

　会の状態に入ったら、離れの機会を逃さないようにします。伸合って離れの機が熟しているにもかかわらず離さないと「もたれ」てしまいますし、逆に早めに離してしまうと、どんどん早くなって「早気」になる危険もあります。引分けてから、5〜6秒は保つようにしましょう。

Point 1
右手で無理やり離さないこと

Point 2
詰合い、伸合いを意識しつづけ、離れの機会を逃さない

Point 3
胸の中心から左右均等に割れるように離すこと

Check! 会で残心（残身）をイメージしてみよう

　普段私が指導するときは、会で離れをイメージするのではなく、残心（残身）をイメージするように言っています。離れを点で考えるのではなく、会からずーっと線を引くようにもっていき、その線上で離すというイメージで、と教えることもあります。会は引分けの延長ですから、止めずに押し引きしつづけ、その流れの中で離れを出すようにすると、「よしっ」という彀※をつかみやすくなります。

※彀（やごろ）／伸合いが熟して、極限に達した瞬間。「ここだっ」と離れの確信を得るときのこと。

8 残心(残身)

Point 1
縦横十文字の姿勢を変えずに矢所を見つづける

Point 2
気合いをぬかずに充分伸合って弓倒しする

Point 3
呼吸に合わせて弓倒しをし物見を静かにもどす

射放ちて　肘に残せる心こそ
跡の澄しのその一つなれ
（弓道教歌）

（横から）

＊教歌解説……残心では、充実した気持ちを勝手の肘に残し、矢所を注視して姿勢を崩さず、放れたままの姿勢を保って的を静視するようにと説いた歌。

| **動作の ポイント** | □ 残心(残身)とは、矢を離したあとに、離したときの心と形を保つこと。
□ 精神でいえば「残心」、形でいえば「残身」。
□ 離れとは弦が弦枕から離れる瞬間のことなので、次の瞬間には残心(残身)がはじまっている。これを会の動作からつづけて考えると、残心(残身)は、会、離れの結果の連続だと言える。 |

残心(残身)のとり方

残心(残身)は射の総決算ですから、胴造りを崩さず、縦横十文字の形をとりつづけなければなりません。気合いが残ったまま、身体を天地左右に伸ばし、視線は矢所に注いだままにします。

弓返り(ゆがえ)

昔、戦場では矢継早(やつぎばや)に射るため、弓手の手のひらにくすねをつけたりして弓が返らないようにしていましたが、練習時に重い鏃(やじり)のついていない軽い的矢を使うと、矢になかなか力が乗りません。すると、弦が切れたり、手首に振動がくるため、弓の力を逃がすために弓を返す方法ができてきたものと言われています。

弓が返るには、弓を回転させる働きが必要ですから、握っていたら返りません。かといってゆるんでいると、余分に回転する力がかかって矢に勢いが乗りませんから"適度な"というところが大切です。

指2本まで(指2本分落ちるくらいまで)は弓返りで、それ以上弓が落ちるのはゆるみすぎだと言われています。矢はねらいどおりに飛ぶのに弓が返らないのは、ほとんどの場合、薬指の力が強すぎるためですから、力を込めて握りしめないようにしましょう。

Check! つくった残心(残身)はきらわれる

残心(残身)は射の総決算ですから、残心(残身)の良し悪しによって射全体の判別ができますし、射手の品格も反映します。ですから、とってつけたように修正しても、見ている人には簡単にわかってしまいます。こんなところであんな射をしたのに、なんで残心だけあんなにいいんだ?という不自然さは、審査などのときはとくにきらわれますので注意しましょう。

弓倒し・物見返し

　残心(残身)ののち、弓を呼吸に合わせて倒し、物見を静かにもどし、足を閉じます。これらの動作は、すべて残心(残身)に含まれるものという気持ちで行ないます。

　弓倒しは、末弭(うらはず)の最短距離をとおして、執弓の姿勢の位置(身体の中央)まで持っていきます。

呼吸に合わせて弓を返す　　　　静かに物見を返してから、足を閉じる

足の閉じ方

　足の閉じ方には3種類あります。
[1]脇正面に向かったまま、右足から半歩ずつ引いて、そろえる。
[2]的正面に向かいつつ、左足を引いて、右足にそろえる。
[3]的正面に向かいつつ、右足を半歩寄せ、それに左足を引いてそろえる。

[2][3]は射礼を行なう場合の閉じ方で、それぞれ開き方に対応しています。
[2]＝一足で開いた場合(矢の射付節を持った場合)
[3]＝二足で開いた場合(矢の板付を隠した場合)
競技や審査、普段の練習ではすべて、半歩ずつ引きそろえる[1]の方法で行ないます。

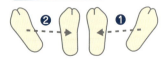

遠的射法

射場と競技方法

遠的競技は射距離60mで、的の大きさは直径100cm、的中制では霞的を、得点制では同心円状を5色に区分した的を使用します。

遠的射法

遠的競技では、ねらいを上方に定める必要がありますから、胴造りには退く胴が適しています。退く胴は身体が的と反対側に傾く胴造りのことで、矢先が上がった射形になります。退く胴にする（腰を切る）タイミングは人によってさまざまですが、おおむね次の3つに分けられます。

[1] 大三で
[2] 引分けながら
[3] 会に入ってから

いずれの方法をとるにしても「五重十文字」を崩さないように注意しましょう。腰を切る角度は、弓の強さと矢の重さによって変わりますので、繰り返し練習することで適正な角度やねらいを体得してください。

遠的射法を◀動画で確認

大三で退く胴にした場合 ／ 会で退く胴にした場合

Column 2

上達を助ける
トレーニング＆ストレッチ

筋力アップには素引きが最適

弓を引くための筋力を養うには、トレーニングジムの器具を使ったいわゆる筋トレや腕立て伏せなどはあまり効果がありません。筋力づくりには、素引き練習がもっとも適しています。

ただし、一気に引く素引きを繰り返すのではなく、実際に弓を引くのと同じ感じでゆっくりと引いていき、会でしばらく保ってから、ゆっくりと戻していきます。朝一番の練習がとくに効果的ですが、学校や道場の弓を使っている人の場合、道場外での練習はむずかしいと思います。そんな場合は、鉄棒（またはそれに似たもの）で、斜め懸垂をするといいでしょう。弓道には、二の腕に負荷をかける運動が適しています。

練習前はストレッチを念入りに

弓を引くうえでとくに必要となる、胸と背中を伸ばすストレッチ

また、柔軟性を高めるためのストレッチも効果的です。身体がしなやかに動かないと、スムーズに射が進行できなくなります。弓を引く前に、背中や肘などを中心に全身をよく伸ばしておくことはもちろんのこと、跪坐の姿勢でもじもじしたりしないように、足や足首のストレッチも念入りにしておきましょう。大きな大会では、5分以上も跪坐を保たなければならない場合がありますから、普段から慣れておく必要があります。

2人の右に位置すると、右手がちょうど大三の形になり、脇から肘、腕全体をほぐすことができる

とくに痛めやすい肘や腕まわりのストレッチは、練習の前後や休憩時間にかならず行いたい

基本編 第4章
上達の極意
正しい射法を身につける

指導論 学生指導の現場から
いま求めたいのは、魅せて中てる射

指導に大切なのはよく見ること、時機を待つこと

　私が学生を指導するうえで大切にしていることは、まずは一人ひとりの射をよく見ること。とくに注意すべきところがなくても、普段からしっかりと見ておかないと、変化に気づくことができないからです。そして、射が崩れてきたなと感じたら、アドバイスをするタイミングを見極めることも大切です。ある程度の的中があると、射形が崩れていても本人はその射に納得しているため「もっとこうしたほうがいい」というアドバイスには聞く耳を持ちません。そんなときは無理強いをせずに、相手が聞くようになるまで待ち、本人が「悪いところを直したい」と思いはじめた頃合いを見計らって、声をかけてあげるようにしています。ただ、最終的に一番大切なのは、やはり本人の取り組みようなのだと思います。ですから、アドバイスをしたあとはしばらくほうっておき、各自の練習法にまかせています。アドバイスを自分なりに咀嚼して自身の射に生かせるかどうかは本人次第ですから、指導の成果が出るのを「待つ」ということも、指導者には必要な要素だと思います。

正しい射の先に中りがあると考えよう

　正しい射はもちろんのこと、学生弓道の世界では的中も重視されるのが現状です。高校生や大学生にとっては、正しい的中を目指して集中することで精神面の強化になっているところもあります。しかし逆に、中てようと意識するあまりに射形が崩れる例が多いのも事実です。最近の学生に多い弓手重視の引き方もそのひとつです。押すことのみに気をとられて弓手の肩を上げ、馬手の肩が下がる、いわゆる「退き肩」になりやすいのです。

　的中にとらわれてしまう時期には、身体的にらくな形で弓を引こうとしてしまいがちです。たとえば足踏み。足踏みは矢束の広さに開くのが適正ですが、それよりも狭かったり広かったりしても、その形で慣れてくると中るようになることもあるのです。こうした射の崩れを指摘してあげられる人がいるかどうかが、射技が向上するかどうかの分かれ目にもなるのだと思います。大学生になると、ある程度自分の射というものができてきますから、ほんのちょっとしたアドバイスをするだけで、射形や的中が良くなることもあります。

　いま、学生弓道に求められるのは、魅せて中てる射なのだと思います。射形を崩しても的中させたいと思っていては、それ以上射技が向上することはありません。少しでも人前でかっこよく引きたい、正しい射法を身につけて中てたいという気持ちが大切なのです。大会に出場するに際しても、的中だけでなく、人前で恥ずかしくない射ができることも必要条件です。「中たればいい」のではなく、「正しい射の先に中りがある」と考えるようにしましょう。

上達の極意 その1

軸がぶれない射形をつくる

足踏み、胴造りがすべての土台
つねに意識して引いていくことが大切

　足踏みは、弓を引く間、正しい姿勢をつくるための基礎となる足構えです。足踏みをおろそかにして上体だけで引いていくと、身体の軸がねじれ、左右のバランスも悪くなります。両足の親指を結んだ線上に的の中心があることが足踏みの基本で、基本の線から少しでもずれると、28m離れた的では、大きな誤差となって矢所にも影響します。また、足踏みは単に足を開けばいいのではなく、しっかりと足踏みの土台の上で身体を安定させることが大切です。踏み開いたあとは、土踏まずを意識して膝関節を自然に伸ばし、下半身を安定させます。これが胴造りの基礎となります。

足踏みの詳細はP46へ

①足踏みのまちがいで身体がねじれる

開き幅は矢束分・角度は60度
両足親指先の間隔は、矢束（自分自身が実際に引き込む矢の長さ）と同じ長さにし、足首の内側の角度を約60度に踏み開く

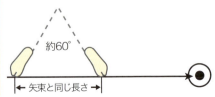

開き幅が狭すぎる
前後に安定するが左右に不安定になり、下半身が自由になるとともに上半身も自由になりすぎ「反屈懸退」の胴造りになりやすく、射に締まりがなくなりやすい

開き幅が広すぎる
左右に安定するが前後に不安定となり、動作が窮屈になる。狭すぎる場合とともに、見た目のバランスも悪い

左右の足がずれている
上体だけで的の方向に向こうとするため、腰や肩がねじれ、その結果、顔向け（ねらい）が不安定になる

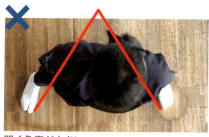

開く角度が小さい
前後に安定するが、左右に不安定となる

開く角度が大きい
左右に安定するが前後に不安定となり、射法の根本である「開くこと」ができず、射が浅薄になる

②足踏みにしっかりのっていないと胴造りが崩れやすい

　胴造りは終始行射の基盤となる動作です。足踏みの上にしっかりと重心をのせずに弓を操作しようとすると、上体が不安定になります。とくに注意したいのは、身体が的と反対側に傾く「退く胴」。大三から手の内を決めていくときに上半身が安定していないと、身体が的と反対側に傾いてしまいます。また、顔向けが悪くてあごが上がる場合にも「退く胴」を誘発しやすくなります。胴造りは、両足と両腰を安定させて立つ「中胴（ちゅうどう）」を心がけ、前後左右にぶれないように注意します。重心のかけ方は骨格のちがいなどによって人それぞれですから、極端に鳩胸・出っ尻になったり、肩線が抜けないようにすればいいでしょう。無理に型にはめようとすると、かえってバランスが崩れる場合もあります。

両肩の力を抜いて中胴を保つ

背骨、首すじを伸ばして自然に保ち、両肩の力を抜く。足踏みの線と腰の線、両肩の線を平行にし、縦線の伸びと合わせて「三重十文字」を意識する

胴造りの詳細は
P48へ

胴造りには、ここで示した写真のように反、屈、懸、退、中の五胴(五身)があります。これらは昔、戦の場での応用動作として、目標の位置や距離に合わせて使い分けられていましたが、近的射には「中胴」が適しています。

反る胴　　屈む胴　　懸る胴　　退く胴

行射後半に胴造りが崩れないように注意

胴造りは、とくに行射の後半で崩れやすくなるので注意が必要

中胴を保った正しい例　鳩胸・出っ尻　肩線が抜けている

上達の極意 その1 軸がぶれない射形をつくる

顔向けの不正、弓手重視の肩線のぶれは
ねらいの悪さの原因になる

　最近の学生に多いのが、弓は押すものだと考える「弓手重視」の引き方です。たしかに弓手が動かなければねらいも動かないため、中りやすい一面もありますが、的中を意識しすぎて弓手の肩が入りすぎ、馬手の肩が抜けてしまうと、それが原因で退く胴を誘発しやすくなります。その結果、顔向けも甘くなるため、正しいねらいが定められなくなります。

　また「顔向けをまっすぐに保つ」という教えが多いためか、首をしっかりと回し込もうとするあまりに顔が伏せ気味になっている人が多く見られます。顔が伏していると、胴造りが崩れて正しいねらいがつけられなくなるので注意が必要です。顔は人から呼ばれて自然に向いた感じで的に向け、その形を崩さないようにします。

①弓手を重視しすぎると肩線がぶれる

肩線の正しい例
馬手肩が支点になる形で、両肩が均等に入っており、左右均等に引分けていることがわかる

肩線の悪い例
弓手を押す意識が強く、弓手肩が入りすぎており、馬手肩、弓手肩、拳の3点が一直線上にある

②顔向けが悪いと射形も崩れる

**人に呼ばれて
自然に顔を向けた感じの顔向け**
無理に顔を向けずに自然に振り向き、右目頭・左目尻で的を見るように意識するとねらいが良くなる

顔向けの不正、ねらいのつけ方はP55へ

癖が身につかないうちに早めに対処
工夫稽古で軸のぶれを直す

①身体のねじれを修正する工夫稽古

椅子に腰かけて行射をすることで下半身が固定され、上体のぶれを抑えることができます。この引き方で普段よりも前方向（または後ろ方向）に身体が向いていると感じる人は、普段から上体がぶれていると言えるでしょう。

椅子に座って足を肩幅程度に開き、下半身を固定させて行射する

②退く胴を修正する工夫稽古　中上級者向け

遠的練習をしたあとはとくに退く胴になりがちなため、癖にならないうちに早めに修正しましょう。ここで紹介するのは吉田能安先生の指導法で、大三から右足を上げて引く方法です。右足を上げることで弓手が優先になり、自然に退く胴が改善されます。ただし、この方法はある程度の技術が必要ですから、初級者は避けてください。また、危険防止のためにも屋内の巻藁で行なうようにしましょう。

足を閉じて大三まで行ない、そのまま右足を上げて引分けていく。
右足首は曲げたままバランスをとる

上達の極意 その2

左右のバランスを崩さずに引く

弓は押し引きではなく
身体を開いて弓の中に割って入ると考える

①手の内を入れる意識が強いと肩が上がる

　的中を意識するあまり、弓手を押すことのみにとらわれると、左右のバランスが崩れた射になります。打起から大三、引分けへと移行する間は、身体を均等に使うことを意識し、矢と身体の平行を保ちながら、とくに引分け後半（目通りを過ぎたあたり）は胸部と背部の筋肉を使って左右均等に引分けます。身体の開きとは、背すじを伸ばすことによって肩甲骨を寄せて、胸をぐっと開くことです。無理に手の内を入れようとすると肩線が崩れて肩が前に出たり、また、会の後半で中てようと意識するあまりに肩が出たりします。見た目のバランスも、力の入り具合も左右の均等が崩れ、最終的には崩れた射形になってしまいます。弓はあくまで身体を開いて弓の中に割って入ると考え、左右のバランスを崩さずに引くことを心がけましょう。

肩が前に出て上がっている

そのまま引分けていくと、肩の上がり方はよりひどくなり、あごも上がり気味になる

手の内を入れて弓手を強く押す意識が強すぎて、肩根（肩の付け根）が極端に前に出て上がっている

②左右の肩甲骨を寄せて引分ける

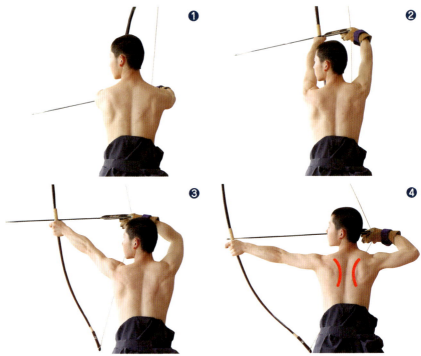

左右の肩甲骨を使い、均等に引分けている例。
多少退く胴になっているものの、肩の線は平行に保っている

Check! 指導のポイント
注意をうながし、意識させることが大切

癖がついてしまっているときは、その部分をさわって注意をうながすことで、意識して修正させることが大切です。左の写真に比べて、意識をしたあとの右の写真のほうが多少修正されているのがわかると思います。

上達の極意 その2 左右のバランスを崩さずに引く

③馬手の補助で左右の均等を覚える

弓手先行の教え方をされることが多いせいか、馬手が弱い学生が多いようです。写真のように大三から引分けにかけて馬手を補助してあげると、会に入ったときに余裕ができるため、左右のバランスを確認しやすくなります

④矢先が上がるとバランスが崩れる

　打起しから大三にかけて、矢はほぼ水平、またはわずかに矢先が下がる程度（水流れ）に保ちます。矢先が極端に下がったり、上がったり（鳥差し）すると、左右のバランスが崩れてしまいます。左手は弓を保持して直立を維持する程度にとどめ、右手をわずかに優先させるような気持ちで打起すとバランスがとれます。打起す際に弓手の肘が伸びていたり、弓を握り込んでいると、矢先が上がりやすくなるので注意しましょう。

矢先が上がっている例

① 弓を握り込み、肘が伸びているため矢先が上がっている
② 意識的に矢先の向きを修正するがやや退く胴
③ 会では顔向けが反り気味になっている
④ 最終的にねらいが悪くなる・やや退く胴になっている

矢先がほぼ水平を保っている例

① 弓構えでの弓懐を保ち、打起しから大三にかけて矢先がほぼ水平を保っている
③ 左右均等に引分けている

上達の極意 その2　左右のバランスを崩さずに引く

上達の極意 その3

らくな動きで射形を崩さない

引きやすい動きをするのではなく
あくまで基本に忠実に引くことが大切

　行射全体をとおして、自分が引きやすいらくな動きをしようとする人が多いように思います。自分がらくなように引いていくと、最終的には射形が崩れ、思わぬ射癖を誘発する原因になります。ひとつひとつの動作をしっかりと行ないながら、流れるように行射することを目指しましょう。とくに大三はバランスを崩しやすいため、注意が必要です。

①取懸けの基本を見直す

肘を曲げて弓を身体に近づけている

肘をゆったりと保って取懸ける
取懸けのときに肘を折って弓を身体に寄せて動作をする人が多いようです。
普段狭い道場で練習している人はこの癖がつきやすいため、ときどきは広い場所で練習しましょう。

帽子の付け根から筈ひとつ分上

取懸けの詳細はP50,62へ

取懸ける位置を確認する
筈の位置は、帽子の付け根から筈ひとつ分上のところです。間違った取懸け方法は、思わぬトラブルや射癖を引き起こすため、正しい取懸け方法を身につけることが大切です。

弽の十文字が崩れていないか確認

これも狭い道場で練習する人に多い射形の崩れです。手首が折れて弦に対して弽が十文字でなくなると、大三のあたりで弽で矢を押して筈こぼれをしたり、会での空筈の原因になることもあるので注意してください。

手首が折れ曲がって十文字が崩れている

弦と弽の十文字が保てている

弓構えでは弓懐を心がける
肘は曲げすぎず伸ばしすぎず、弓懐を心がけます。

Check! 指導のポイント
空筈の原因は取懸け

空筈をしてしまうのは中仕掛けが悪いからだと思っている人がいるようですが、そうではありません。中仕掛けは弦を保護するためのもので、矢を固定させるためのものではないのです。空筈は取懸けと離れでのゆるみによることが多いようです。取懸けは慎重に行ないましょう。

②打起し〜大三の基本を見直す

手の内のつくり方を見直す

手の内は強く握らず、柔らかくつくります。手の内は先に絞るのではなく、最終的に会で絞れるようにつくるのが大切なことです。

打ち起し〜大三の詳細はP56〜61へ

正しい手の内の形
親指と中指の先端で輪をつくって支え、そこに薬指と小指をそろえてつけます。

上達の極意 その3 らくな動きで射形を崩さない

引きやすいところで引いている例

打起しのときに肘が伸びきっており、大三では馬手で引きすぎています。ここまで引いておくと、行射後半でらくに引けるからです。しかし、この引き方をしていると最終的に射全体のバランスが崩れてしまいます。本来は、打起しから大三へ移行するときの肘の位置は変わらないのです。打起しの動きを止めずに大三に行く意識を持つことができれば、肘が動くことはなくなると思います。

正しい打起し〜大三の形

打起しから大三への移行時は肘はほとんど動きません。
大三での右手は額からこぶしひとつ分あけ、手の甲が天井を向くように自然にひねります。

Check! 指導のポイント
射癖の原因は道具にある場合も

自分の体型や技量に合わない道具を使っていると、極端にどこかの働き方を強くしなければならないため、射形が崩れる原因になります。高校生や大学生なら、学校にあるほかの道具を試してみるといいかもしれません。また、自分に合っているのかどうかが分からないときは、指導者の先生に聞いたり、弓具店で相談してみましょう。とくに弽は昔から「名人のぼろ弽」と言うくらいですから、良いものに出会ったら壊さないように気をつけて長く使いたいものです。

上達の極意 その4

弓の病と癖を克服する

気持ちを込めて練習することが第一
根気よく引き続ければ道は開ける

　昔から「早気(はやけ)」「ゆるみ」「不数奇(ぶすき)」は、弓の3大病とされてきました。「早気」や「ゆるみ」は治すのに大変苦労しますが、けっして治らない病ではありません。また、3つの病のほかにも、さまざまな射癖があります。癖や病を治すところが弓の難しさですが、それが自己の修行になるということでもありますから、しっかりと取り組んで、正しい射ができるように精進することが大切です。

1 早気

　会に入れない、会でもてないことが早気だと言う人もいますが、厳密には胸弦とねらいと頬付けの3つ（会の構成要件）がつかないうちに離してしまうことを言います。この3つの要素をクリアしていれば、早気というよりも「早い」状態です。

◎巻藁での練習を重ねる

　早気の一番の原因は、的にとらわれているということです。梁に矢を飛ばすだけであれば、早気にはならないはずなのです。ですから、早気を治すには、とにかく巻藁で練習を重ねることが一番効果的です。過去に指導した学生の中には、入学してすぐの頃から早気で、本人も的前に立つと早くなってしまうということを自覚していたため、日々巻藁で練習をし、引退前の最後の試合で、選手こそ逃したものの補欠に入って代表になったという子がいました。早気になったら、このくらいの覚悟を決めて自分自身に打ち勝たなければなりません。試合に出られないからといって本人も周囲も焦らず、いつかかならず治るという気持ちで気長に構えましょう。早く治さなければいけない、という精神的なプレッシャーは、決していい結果を生み出しません。

◎中(あ)たっているからといって早気を見逃さない

　一度早気になってしまうと、完全に治すのはなかなか難しいものです。ある程度回復して会がもてるようになっても、油断すると早気が戻ってしまうことも多々あります。ですから、

まずは早気にならないように注意することが肝心です。早くなっても、はじめのうちは本人が気づかないことがありますので、早くなっている人には「少し早くなってるよ」と声をかけるなどしてあげましょう。中たっているからといって早いのを許していると、どんどん早くなってしまいます。

2 ゆるみ

弓が弱すぎる場合などに、たぐって引きすぎていると離れがゆるみやすくなります。手首がゆるむ場合もあれば、肘がゆるむこともあり、肩が抜けてしまう場合もありますが、胸を開いて弓の中に身体を割り込むように伸合っていないことが原因です。胸を開かず、手だけで引こうとすると、左右ともに引きが止まってしまいます。止まっていれば、どうしてもゆるんできてしまいますので、肩甲骨を使う意識を持ち、身体を割って引き込む感覚を覚えるようにしましょう。

3 不数奇

その昔、殿様から報酬をもらっているにもかかわらず弓術の修行を好まない武士を、不好き(不数奇)の病と言っていました。これを現代に置きかえると、最初は弓が好きで練習にも励んでいたのに、だんだん癖が出て思うように中らなくなり練習量が減少、結果的に楽しくなくなってしまう……などが考えられます。早気の項にも書きましたが、射癖やトラブルが現れはじめたら、まずは的中を度外視して基本に立ち返ることが大切です。

4 もたれ

◎離れは弓手で誘うもの
離す働きかけがないともたれになる

　もたれとは適度な離れのタイミングを逃して持ちすぎてしまう現象です。私が指導する学生にも会で15秒くらいもつ子がいますが、高校時代には最長で1分間もったことがあるそうです。離れを出すというのはよくない、自然に離れないといけないという教わり方をしてきているため、離れを出すための働きかけを何もしていないからです。これは多くの人が誤解しているところですが、離れは自然に出るものではありません。「自然な離れ」というのは外見上不自然に見えないということで、最初のうちはとくに、離すための技術も必要になります。具体的には、握り込んでも親指で押し込んでもいいので弓手の角見から離れを誘うようにし、その際、馬手はゆるまないように張っておくようにします。引分けから残心まで働きがつながっていることを形容するために「自然な離れ」という言葉を使うのはいいと思いますが、まずは弓手で離れを誘うということを覚えなければならないのです。それができて、さらにステップアップしてきたら胸を開くことを意識し、最後には丹田でエイッと離れを出せるかどうかが問題になってきます。エイッと出したときには、角見がきいていて、馬手もゆるみなく、残心まで一直線に離すのが理想です。

上達の極意 その4 弓の病と癖を克服する

5 びく

離す決断がつかないうちに離れそうになって肘が戻るもので、びくっと戻ることからびくと呼ばれています。大きいと大三くらいまで戻ってしまうこともあります。これは、早気を治すときに「まだまだ離してはいけない」という思いが生じて出やすい現象ですが、びくが出るということは、早気を克服しはじめているという証拠。早気の後遺症のようなものなので、あながち悪いことでもありません。

6 手・手首を打つ、腕をはらう

手や手首、腕をはらうのは、押そうとして身体がねじれてしまうことが一因です。手の内が効かないままに押すと、左肩が前に出て、結果として腕や手が弦の通り道にきてしまうのです。ですから、あくまでも矢の線と肩の線が平行になるように注意します。どこを打っても「手の内が悪い」と判断してしまう人がいますが、それはまちがいです。極端な猿腕でないかぎり、手の内が効いてなくても弦の通り道に腕がなければ打たないわけで、手の内が効いてない場合は、矢がまっすぐに飛ばないというだけなのです。

また、弓の弭の高さが低く、離したときに手の内がゆるんでしまうと手首を打つことがあります。弓返りを覚えだすと出てきやすい現象ですから、弭の高さを約15cmに合わせておきましょう。

7 耳・頬・胸を打つ

耳や頬、胸を打つのは、右手のひねり不足が原因です。ひねっていれば、胸弦も頬付けも、離れた瞬間に弦が 弽 の腹に沿って前に出るので、打つことはありません。ひねってないと、弦がまっすぐに出やすく、そのために打ってしまうのです。顔や胸を打たないためには、ひねって大きく引くことを心がけましょう。ひねる際は、弓を照らさないように注意しましょう。

8 離したあと弓が返ってしまう

原因は、弭の高さが低すぎることにありますから、弭を少し高めにすると解消します。しかし、ひっくり返ってしまうような弓は、弓自体のバランスも悪いので、できれば使わないほうがいいでしょう。

9 猿腕の場合

押手の肘に力を入れてまっすぐに伸ばしたとき、肩・肘・手首が一直線になれば、弓を引くのに理想的な状態です。正面から見るとまっすぐに見えるが上から見ると肘が出ている、という

状態や、肘だけが高くて手首が下がっているという人は猿腕です。

軽いものであれば問題ありませんが、射に支障をきたしたり、痛みをともなう場合は、改善策を考えなければなりません。猿腕にはいくつかのパターンがありますので、その人に合った方法を見つけましょう。ここでは、私が過去に指導した猿腕の学生を例にとってみます。

①肘が下がって拳が上がるタイプ（腕が伸びない）

この状態だと、手首からくる力をダイレクトに肘で受けるので、どうしても肩が上がってしまうのが悩みでした。そこで、肩の位置よりも肘の位置を高くしてみました。当然、矢は上を向きますから、はじめから矢を少し上に番えるようにします。ねらいも少し高くなりましたが、このようにして弓の力を自然に受けられるような格好で引かせているうちに、猿腕が目立たなくなりました。

②肘が上がって拳が下がるタイプ（腕が反る）

この場合、手の内を工夫する必要があります。肘が上がっていて上から押しているわけですから、このまま上押しをかけると、かかりすぎてしまうのです。ですからこの場合は、少し下押しぎみに押すようにします。

③肘が弓の中に入るタイプ（真上から見ると肘が出ている）

この場合、手の内に気をつけないと、腕をはらってしまうおそれがあります。腕や手をはらうと精神的な面で射にも影響しますから、早めに対処しましょう。まずは極限まで伸ばさないというつもりで引く練習が必要です。伸ばしきってしまうと、肘がどんどん中に入ってしまうからです。ただし、伸ばしきらずに引くと、離れで肘がゆるみやすくなり、的中が悪くなる場合もありますので注意が必要です。

④猿腕改善のために筋肉をつけよう

猿腕の人は、まずは猿腕を治したいという思いが強いのではないかと思います。猿腕は、筋肉のつき方が少しちがう場合があるので、前述のように、伸ばしきらずに我慢するということも必要になります。伸ばさずにこらえることで、関節まわりの筋肉がついてくるという利点もあります。猿腕に合わせた引き方も必要ですが、長い目でみれば、肘や前腕の筋肉を強くして猿腕を目立たなくすることも考えるようにしましょう。

上達の極意 その4 弓の病と癖を克服する

10 メンタル面の問題点

どんなスポーツや武道にも精神的要素はありますが、弓道ではとくに心理面が大きなウェイトを占めます。集中力、決断力、冷静さなど、1本の矢を放つにはさまざまな意志力が必要になります。では、メンタル面を充実させるにはどうしたらいいのでしょうか？いくつかの視点から考えてみましょう。

①射癖を克服するための心のもち方

早気やびくをはじめ、あらゆる射癖には精神的な問題が深くかかわっています。射癖を克服しようというときには「治さなくてはならない」というプレッシャーや、「中てなくてはならない」という強い当て気は、マイナスに作用します。治そうという前向きな気持ちは必要ですが、必要以上に自分を追い込まないことも大切。癖を克服するところに弓道の修行があるのだとプラス思考でとらえ、的中を度外視して練習に励みましょう。正しい射ができれば、かならず中るようになります。

②反省の繰り返し
　～「一射絶命」の精神を学ぼう～

的前に立ったとき、1本めは反省の材料がありませんから、今できることをしっかりとやるしかありません。しかし2本め以降は、1本めで何が足りなかったかを反省して、その反省点をどのように射に生かすかを計画します。計画を立てたら、それを実行し、離れのときには「やることをすべてやった」という決断力で離します。弓道は、反省の繰り返しが大切なのです。「一射絶命」「一射新」という言葉もつまり、一射に気持ちを込めて引く、やり残しをせずに完全燃焼させるということです。完全燃焼させれば、次の1本は新たな気持ちで引くことができるのです。

③的中をめざすのは悪いこと？

精神面の強化ということで言えば、的中にとらわれずに引くことも必要ですが、高校生の場合、正しい的中を目指して集中することで、精神面の強化になっている場合もあります。中らなければ弓道はつまらないという心

理も否定はできません。しかし逆に、中れば何をしてもいいというものでもない、ということも皆さんおわかりだろうと思います。中りは正しい射についてくるもの、と考えて、まずは正しい射を体得することを考えてみましょう。

④目づかいで心の安定をリードする

「射法・射技の基本」(P40)でも解説しましたが、視線というのは、何かを凝視しているとそこに気持ちが集中して、ほかの活動がおろそかになってしまいます。言いかえれば、余分なものが目に入ると動揺して、集中力が途切れてしまうのです。ですから、キョロキョロしていたら、自分の心が不安定なんだと自覚して、まずは視線を落ち着かせてみましょう。目は心のバロメータですから、目づかいをしっかりすれば、自然に心も落ち着いてきます。

⑤呼吸の乱れは心の乱れ

試合や審査の場面ではとくに、緊張のあまり呼吸が乱れることがあります。呼吸と心の安定は密接なつながりがあるもので、「射法・射技の基本」(P40)でも紹介したとおり、静かで深い呼吸は心の安定と気力の充実をもたらします。逆に言えば、息合いが乱れると心も落ち着かなくなるということです。普段からゆったりとした息合いを身につけ、心の安定を保つようにしましょう。

上達の極意 その4 弓の病と癖を克服する

上達の極意 その5

習熟度別レベルアップ練習法

　初心者の場合、まずはじめは射法八節の形を覚えるために徒手練習を行ないます。そして流れを理解したところで、ゴム弓を使って手の内や上押しのかけ方などを学び、基礎ができたら素引きに入ってだんだんと弓の力に慣れていきます。ある程度射形ができるようになったら、どんどん巻藁前に立ちましょう。これらの練習方法は、もちろん初心者のためだけのものではありません。ときには基本を確認するために、ときには射癖を治すために、積極的に練習に取り入れましょう。

①徒手練習

初心者の場合

　射法八節を覚えるために、弓矢を持たないで射法の練習をするものです。執弓の姿勢から足踏み、胴造り、弓構えをして、顔向けして打起す……というように、射法八節を正確に、確実に身につけるために行ないます。道場で弓を引けないときや自宅での自主練習として、鏡を見ながら行なってみるのもいいでしょう。

経験者の場合

　徒手練習は、弓の力を感じずに行なえるのが利点です。弓がないとできるのに、弓を持ったとたんに肘が上がらなくなったり、肩が硬くなってしまう人がいます。こういった人のなかには「射形が悪いのは骨格が悪いから」と逃げてしまう人が少なくありません。弓道では、人それぞれの骨格に合った射形がある程度許容範囲として認め

られていますが、弓を持たずにできることは、弓を持ってもできるはずですから、それを確認する（あるいはさせる）ために効果的な練習法です。

> **Check! 練習のポイント**
> 足踏みから弓倒し（P103写真1～4）まで、一連の流れを丁寧に行ないましょう。初心者は動作の確認として、経験者はイメージアップのトレーニングとしても効果的です。

②ゴム弓練習

初心者の場合

射法八節の流れがある程度わかるようになったら、ゴム弓で手の内のつくり方や弓手の上押しのかけ方を学びます。射法八節をとおして行ない、会から離れの練習もしてみましょう。徒手練習と同様に、道場で弓を引けないときや自宅での自主練習として行なうのもいいでしょう。

経験者の場合

ゴム弓は、射癖を治すためのトレーニング用具として高い効果があります。たとえば早気になってしまった場合、自分で会をイメージするための練習方法として効果的です。ゴム弓でできることは、がんばれば巻藁でもできるでしょうし、巻藁でできることは的前でもできるはずなのです。

> **Check! 練習のポイント**
> ゴムを矢に見立てているため、打起しや大三での両手のバランスを確認するためにも効果的。物見を定め、顔向けの具合もしっかりチェックしましょう。

上達の極意 その5 習熟度別レベルアップ練習法

③素引き練習

初心者の場合

　手の内のつくり方や上押しのかけ方などがわかってきたら、弓を持ち、射法全体の練習に入ります。これは弓の力に慣れて、弓を引く力を養い、正しい姿勢を身につけるための練習です。弱めの弓を使い、徒手練習と同じように会の形まで引分けますが、離れは行なわずに打起しの位置に戻り、取懸けの姿勢になります。弦で手を痛めないよう、タオルなどを使って引くようにしましょう。

経験者の場合

　弓のキロ数を上げるときに、若干強めの弓を使って筋力をつけていくという目的でも行ないます。あまり強すぎる弓を使うと射形が崩れますので、注意してください。

> **Check! 練習のポイント**
>
> 会の形まで引分けたあとは、いったん打起しの位置に戻って（写真3）弦から手を離し、離れと残心を行ないます（写真4）。弓を持っての動作がスムーズに進行するように練習しましょう。

④巻藁前練習

初心者の場合

　ある程度射形ができて、弓の強さをそれほど感じずに素引きができるようになったら、巻藁前に立ちましょう。最初はしっかりと補助者がついてあげなければなりません。初心のうちは、どうしても顔や手を打ってしまうことが多いのですが、このときに弓手のほうに補助をつけてあげれば、手を打つのを防ぐことができます。

Check! 練習のポイント
巻藁の高さは、巻藁の中心に口割りの線がくるように設定します。初心者にはかならず補助者がつくようにしてください。

経験者の場合

　巻藁は準備運動的に考えず、癖を直す練習と考えるといいでしょう。どういう身体の働きを使えばいいのかを確認するには、巻藁前練習がもっとも適しています。巻藁は、的を意識せずに引けることが一番の利点ですから、射癖が出てしまったら、徹底して巻藁で練習を重ねるのがいいと思います。巻藁で引いてから的前で引き、また巻藁に戻る……という練習を、納得のいく形になるまで繰り返しましょう。

巻藁前練習を
◀動画で確認

射癖の克服には、巻藁前と的前を繰り返し練習することが大切

上達の極意 その5　習熟度別レベルアップ練習法

基本編 第5章
審査・競技について

入場から退場まで、すべての動作に気を配ろう

技術が向上し、的中するようになると、試合に出場する機会も増えてくるでしょう。競技に参加するにあたっては、知っておかなければならないことがいくつかあります。とくに体配（競技における動作）は、繰り返し練習して、スムーズに行射を進行させることができるようにしておきましょう。

また、弓道は、弓を引く動作だけでなく、入場から退場までのすべての動作が重要視されます。射の途中で失をした場合にも、あわてずに行動できるよう、その手順を学んでおかなければなりません。

1 体配の手順

足の運び方

入退場の際は、左進右退（左足から進み、右足から下がる）、下進上退（下座側の足から進み、上座側の足から下がる）が基本です。ほとんどの場合、弓道場は的に向かって右が上座、左が下座ですから、言い方はちがっても、同じことを表しています。ただし、試合や審査では、会場の都合によって右足から進んで左足から下がる場合もありますので臨機応変に対応しましょう。

坐射・立射

射位でいったん跪坐をしてから、立って足踏みをして射を行なう場合を「坐射」といい、射位で立ったまま足踏みをして行なう場合を「立射」と言います。

時間制限

団体競技の場合、制限時間が決められていますから、ほかの人との間合いに注意して、スムーズに行射を進めなければなりません。

五人坐射四ツ矢＝10分
五人坐射二射＝7分
五人立射四ツ矢＝9分
五人立射二射＝6分
三人坐射四ツ矢＝7分
三人坐射二射＝4分
三人立射四ツ矢＝6分
三人立射二射＝3分30秒

審査における行射の要領（一手・坐射・五人立の場合）

	1番	2番	3番	4番	5番
甲矢	間をおかず行射する。	1番の「胴造り」の終わる頃立つ。1番の弦音で取懸け、打起し行射する。	1番の弦音で立つ。2番の弦音で取懸け、打起し行射する。	2番の弦音で立つ。3番の弦音で取懸け、打起し行射する。	3番の弦音で立つ。4番の弦音で取懸け、打起し行射する。
乙矢	4番の弦音で弓を立て、矢を番えて待つ。5番の弦音で立ち、間をおかず行射する。	4番の弦音で弓を立て、矢を番えて待つ。1番の「胴造り」の終わる頃に立つ。1番の弦音で取懸け、打起し行射する。	4番の弦音で弓を立て、矢を番えて待つ。1番の弦音で立つ。2番の弦音で取懸け、打起し行射する。	5番の弦音で弓を立て、矢を番えて待つ。2番の弦音で立つ。3番の弦音で取懸け、打起し行射する。	射終わればただちに弓を立て、矢を番えて待つ。3番の弦音で立つ。4番の弦音で取懸け、打起し行射する。

（注）
1. 射場への入退場にあたっては、かならず上座に意を注ぎ、順次礼（揖）をする→大前の人は礼をし、2番目からは揖をする。
2. 本座に進み、跪坐し、そろって揖を行ない射位に進む。
3. 射位で跪坐し、脇正面に向きを変え、弓を立て矢を番えて待つ（甲矢の場合一斉に弓を立て矢を番える）
4. 射終わったら、1番より順次退場する。
5. 次の控えは3番の乙矢の弦音で入場し、本座に進み跪坐し、5番の弦音で揖を行ない、最後の射手が後退する時に射位に進む。
6. 行射の前後動作が殊更に間延びすることは、進行の妨げになる。

審査における行射の要領を ◀動画で確認

競技における行射の要領（一手・坐射・五人立の場合）

	1番	2番	3番	4番	5番
甲矢	間をおかず行射する。	1番が立ち、右拳を腰にとる頃立つ。1番の「弦音」で、打起し行射する。	2番が立ち、右拳を腰にとる頃立つ。2番の「弦音」で、打起し行射する。	3番が立ち、右拳を腰にとる頃立つ。3番の「弦音」で、打起し行射する。	4番が立ち、右拳を腰にとる頃立つ。4番の「弦音」で、打起し行射する。
乙矢	射終われば跪坐し、矢を番えて立つ。5番の「弦音」で、取懸け行射する。	射終われば跪坐し、矢を番えて立つ。1番の「弦音」で、打起し行射する。	射終われば跪坐し、矢を番えて立つ。2番の「弦音」で、打起し行射する。	射終われば跪坐し、矢を番えて立つ。3番の「弦音」で、打起し行射する。	射終われば跪坐し、矢を番えて立つ。4番の「弦音」で、打起し行射する。

（注）
1. 入場口では、かならず上座に意を注ぎ、1番は礼、2番以降は揖（二息）をする。
2. 本座に進み跪坐し、そろって揖（三息）を行ない射位に進む。
   ＊前立がいる場合は、2番の乙矢の弦音で入場し、本座で跪坐して待つ。
   ＊最後の弦音でそろって揖を行ない、弓倒しで立ち、選手が後退し右に1歩踏み出すとき、射位に進む。
   ＊進行係の「始め」の合図でそろって揖を行ない、射位に進む場合もある。
3. 射位で跪坐し、脇正面に向きを変え、弓を立て、矢を番える。
4. 射終われば、1番より順次退場する。
5. 退場口では、かならず上座に意を注ぎ、揖（二息）をする。
6. 行射の前後の動作は、間延びしないこと。
7. 4射（二手）の場合も上記に準じて行射する。
8. 制限時間が設定されている場合は、順立を崩さず間合を詰めてもよい。

競技における行射の要領を ◀動画で確認

2 競射の知識

個人・団体ともに順位は、的中制、採点制、得点制の3通りの方法で決定します。
○的中制／一定の射数を行ない、その的中数によって勝敗または順位を決める方法
○採点制／一定の射数を行ない、審判員が各射について採点し、合計点数によって順位を決める方法
○得点制／的の中心をねらって得点を争う方法

個人戦

個人戦で同中の場合は、射詰競射（いづめきょうしゃ）か遠近競射で勝敗が決められます。同中どうしの優勝決定は射詰で、2位以下の順位決定は遠近制で行なうのが一般的です。
○射詰競射／各射手が1射ずつ行ない、はずれた人を除外して勝敗を決める方法です。
○遠近競射／各射手が1射を行ない、的の中心に近いほうを上位とする方法で、同距離と判定された場合は、再度行ないます。複数の人が同じ的をねらうので、次の射手は前の射手の後方で矢番えをして、腰に右手をおいた姿勢で待ち、前の人が射終わったら（前の人の弦音で）、右手で筈のあたりをはさみ、矢を目の高さまで持ち上げた姿勢で、射位に進んで行射をします。射終わったら、射位から前方に退き、本座の後方まで行って回り込むか、的正面に向きを変えて足を閉じ、後方に下がって本座で待機します。

団体戦

団体戦には、次の3種類の形式があります。
○総的中制／的中の合計数によって順位を決定するもので、同中の場合は、さらに各自1射ずつ行ない、多いほうが勝ちとなります。
○トーナメント制／出場チームが抽選で組み合わせを決め、2チームで同一射数を行なって、的中数の多いほうが勝ちとなります。同中の場合は各自1射の競射を行ないます。
○リーグ制／各チームが総当たりで、総的中制で競技を行なって勝敗を決め、勝率の高いほうから順位を決定します。同中の場合は引分けか、競射で勝敗を決めます。

3 失(しつ)のときの心得

　行射の最中に、あやまって弓を取り落としてしまうなどのミスを「失」と言います。失をしたときは、落ち着いて、慎みをもって動作を行なうことが大切です。
　いずれの失の場合も、次の射手は、失の処理後(恐縮の意を表したあと)に行射を開始します。

弦が切れた場合

　切れた弦が近くにあるときは、足を寄せて跪坐するか、あるいは膝で進んで取ります。遠くに飛んだときは同じように足を寄せてその位置まで歩いて跪坐し、取り矢のある場合は、矢を左手に移して右手で弦を拾って左手に持ちます。持ちかえた弦を、右手で輪っかになるように巻いて、弓といっしょに持ち、矢を右手に持ちかえて射位に戻ります。このとき、ほかの人に配慮して恐縮の意を表します。

　遠く屋外に飛んだ場合、弓の末弭(うらはず)で引き寄せられる範囲にあれば、適当な位置まで歩いて行き(屋外には出ない)、跪坐して引き寄せ、2〜3度試みて取れないときは、そのまま退いて射位に戻り、恐縮の意を表します。屋外に約2m以上も飛んだときは、取る必要はないと考えて良いでしょう。その場合も、射位で恐縮の意を表しましょう。

①②③切れた弦のところまで歩いて跪坐する　④⑤右手で弦を持ち、左手に持ちかえる。右手で輪っかになるように巻いて、弓といっしょに持つ　⑥射位に戻り、恐縮の意を表す

弦の取り方を▶動画で確認

弓を取り落とした場合

離れの瞬間に弓を取り落としてしまった場合、近くに落ちたときは、弓に近いほうの足にもう一方の足を寄せて跪坐するか、あるいは膝で進んで取ります。遠くに落ちた場合は、同じように足を寄せて弓のそばまで歩き、跪坐して弓を取って射位に戻ります。屋外での立射の場合は、蹲踞して取ります。弦が手前に向いていた場合は、外に返してから取るようにします。射位に戻ったときは、ほかの人に配慮して恐縮の意を表します。

弓の取り方を
◀動画で確認

①②弓に近いほうの足にもう一方の足を寄せて跪坐し、弓を取る　③④立ち上がり、射位に戻って恐縮の意を表す

筈こぼれの場合

競技では、取懸けあとに筈こぼれ（矢筈が弦から離れる）した矢は、はずれた矢と記録され、射直してはいけないことになっています。

次の矢を持っている場合は、その矢を左手に持ちかえ、右手でこぼれた矢を拾い、筈を右のほうにして少し右側においておき、退出の際に持って出ます。このときは、立射の場合でも跪坐をして取ります。

審査の場合、審査委員長からとくに指示があれば、それにしたがいます。

矢の取り方を
◀動画で確認

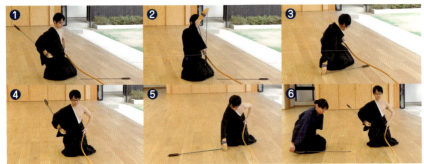

①②落ちた矢に近づいて跪坐し、次の矢を持っている場合は左手に持ちかえる　③右手で落ちた矢を拾う
④⑤射位に戻り、恐縮の意を表し、筈を右にして少し右側においておく　⑥射礼で介添えがいる場合は、介添えが取りに来る

失が重なった場合

同時に弓・矢・弦の失をした場合（空筈（からはず）で弦を切り、弓を取り落とすなど）は、弓・矢・弦の順に処理します。近くにあるものから処理する場合もあります。

失の処理の三原則
①時・所・位に応じて、礼に即した所作を心がける。
②ほかの人に迷惑をかけないように手早く速やかに。
③射位に戻ったら、脇正面に向かって恐縮の意を表す。（的正面に向かう場合もある）
※動画では対処方法の一例を紹介しています。さまざまな場面が想定されますので、その場にふさわしい処理をすることが大切です。

4 試合・審査での心がまえ

練習時も本番に向けた心がまえで

普段の練習でしていないことを、試合や審査の当日だけやろうとしてもできるはずがありません。試合や審査で要求される正しい立ち居振る舞いや行射中の冷静さは、毎日の練習で培われるものです。ですから、練習のときは試合や審査のつもりで、試合や審査のときは練習のつもりで臨む心がまえが必要です。当日は、心身ともに余裕をもって晴れの舞台が迎えられるよう、事前の準備を怠らないようにしましょう。時間に余裕をもって行動することも心の余裕につながります。

前日まで

1 道具の準備を完璧にととのえましょう

替え弦を用意し、弓、矢、弽（ゆがけ）に不備がないか確認しておきます。忘れ物をしただけで心は激しく動揺して、的中どころではなくなってしまいます。弓道はそれだけメンタルなスポーツなのです。

審査の場合、矢は2本しか使いませんから、甲矢・乙矢の一手と巻藁矢があれば大丈夫ですが、試合では、四ツ矢では終わらない場合や、筈打ちなどの突発的な事故に備えて、予備矢を用意しておく必要があります。

弓道衣、袴、帯、足袋は、洗濯した清潔なものを用意します。帯と足袋はとくに忘れやすいので注意しましょう。

2 普段と同じコンディションで臨もう

当日に向けて体調を崩さないよう気をつけるのはもちろんですが、練習時と同じコンディションで臨むことも必要です。私が学生のころは、審査や試合の2～3日前からは、爪を切るなと言われたものです。たとえば、床に落ちた針をつかもうとするとき、普段ならつかめるものも、爪を切ったあとはつかみにくくなります。ささいなことのように思えるかもしれませんが、爪の切り具合によって握りの感覚が変わることもあり

ますので注意しましょう。

また、試合前だからリラックスしようと言って、長風呂をしたり、過度なマッサージで筋肉をもみほぐすことも極力控えましょう。試合前に身につけた筋力が発揮されなくなるおそれがありますし、適度な緊張感を持って臨むことも大切です。

当日

1 時間の余裕は心の余裕につながる

試合当日の遅刻は厳禁ですから、時間に余裕をもって家を出るようにします。あわてて飛び出して行くと、気持ちがせかせかして射にも悪い影響を及ぼします。たとえば電車の中で弓を蹴られてしまったとします。気持ちが焦っていると「なんでオレの弓を……」とイライラしてしまいますが、そういうときこそ「混んでいる電車の中で、長い弓を持っている自分のほうが悪いんだ」ぐらいの余裕が必要です。イライラせかせかした気持ちは、かならず射に反映してしまいますので注意しましょう。

2 食事にも気を配ろう

基本的なことですが、試合や審査当日のお弁当は、普段食べ慣れているものを持参しましょう。また、試合中に冷たい飲み物を飲んでお腹をこわしたりしないよう気をつけましょう。

3 審査では、周りに惑わされないように

審査の場合、まったく知らない人といっしょに射位に立つことになりますから、普段とはちがった雰囲気に飲み込まれないようにしましょう。とにかくあわてず落ち着いて行動することが大切です。たとえば体配で前の人がミスをしたときに、自分もつられて同じ動きをしてしまった場合、つられてしまった人も同じく減点されてしまいます。審査は、言ってみれば個人戦ですから「前の人がやらなかったからいいや」ではなく、まちがいを修正できる冷静さが必要です。

基本編
第6章

弓道場でのマナー

心のこもったあいさつが第一の基本

弓道のマナーで第一に挙げられるのは、心のこもったあいさつをすることです。
弓道では、普段から正しい姿勢と呼吸を心がけることが求められますから、
道場内でのすべての動作に気を配る必要があります。
射場を掃除したり、玄関の履きものをそろえることも、
緊張感を保つことにつながりますので、積極的に行なうようにしましょう。

道場に着いたら

①コート類は道場の外で脱ぎ、履きものは下足箱に入れる

下足箱がない場合は、履きものを出船（つま先を戸口に向ける）に直して端におきます。

②石突や雨の日のビニールカバーは持ち込まない

最近はあまりうるさく言われなくなりましたが、弓巻きや弓袋の下端につける石突は、靴と同じで道場に入る前にはずすのが礼儀です。もともと弓袋についている場合は、石突を床に下ろさないようにします。また、雨の日に付けるビニールカバーも、あらかじめはずしてから道場に入ります。

靴は出船に直そう

コート類は入り口で脱ぐ

マナー（道場に着いたら）を◀動画で確認

③道場の入口では
　上座に対して礼をする
　神棚がある場合は神拝（一揖二礼二拍手一礼一揖）、神棚がない場合は拝礼（一礼一揖）をします。何もない場合でも上座に向かい一礼したあとに、先生や先輩にあいさつをします。

お願いしますの気持ちを込めて

④着替える前に弓と垜の準備をする
　あいさつのあと弓を張り、道場内の掃除、垜の準備をします。すべての準備がととのってから着替えます。

神棚がある場合は神拝

まず最初に弦を張る

気持ちを込めて掃除しよう

着替える前に垜を準備

的をかけて完成！

道場内では

①アクセサリーをはずす
弓を引くときは、ネックレス、イヤリング、指輪などのアクセサリーをはずし、女性は髪をすっきりとまとめるようにしましょう。

②敷居にのらない
敷居はのらずにまたぐようにします。控えの席に戻る際は、上座にお尻を向けないようにしましょう。

③控えの席では正坐をすること
道場内の控え席は、休憩の場ではなく、ほかの人の射を見学するための場所です。これを見取り稽古（みとりけいこ）と言います。控え席が畳敷きの場合は、かならず正坐をしなければなりません。体操座りをしたりあぐらをかいたり、足を投げ出して座るなどはもってのほか。普段から正しい座り方を心がけることが大切です。また、弽（ゆがけ）をつけるときとはずすときもかならず正坐か跪坐（きざ）をして行ないましょう。

髪の毛もすっきりと

上座も意識しよう

④道場内での私語は控えること
道場の中での私語は、ほかの人の迷惑になりますので控えなければなりません。わいわいがやがやとした雰囲気は、試合や審査に出かけたときにも出てしまうものです。「お里が知れる」とはこのことで、マナーの悪いチーム、学校は、ひと目でわかってしまいます。弓道をはじめて礼儀正しくなったと言われるくらいになりたいものです。

弽を差すときは正坐で

弓具の取り扱い

①弓は、矢摺り籐・握り革・弦以外のところは握らない

手垢、手の脂で弓が汚れてしまうため、上記以外の場所をさわらないようにしましょう。また、他人の弽を勝手にさわることも厳禁です。

②弓は絶対に人に向けて引かないこと

矢を番えたときはもちろんですが、弓を張ったあとに肩入れをして様子を見るときなども、弓は絶対に人に向けて引いてはいけません。人がいるときは壁に向かって引くなど、充分な注意が必要です。

③弓に肩入れするときは、目通りくらいまで

弓具店で弓に肩入れするときは、許可を得たうえで目通りくらいまでにしましょう。弓を破損させるおそれがあります。

④矢は使う順序を決めておく

もともと矢が持っている癖を把握するために、矢は使う順番を決めておきます。

肩入れは目通りまで

親指で弦の反発力を感じることで、弓力を知る方法もある（熟練度を必要とする）

練習では

①先生の的には射込まない

射込み練習の際、先生やOB用の的が設定されているときは、先生の的には射込まないようにします。

②巻藁前では前後を確認する

複数並んだ巻藁前で、ふたり以上の人が同時に弓を引く場合、射終わってもすぐには矢を取りに行かず、前後の人が終わるのを確認してから抜くようにします。ほかの人が打起しはじめていたら、射終わるまで待ちましょう。

③巻藁に大勢並んでいる場合はテキパキ行動する

試合前などで大勢の人が並んでいるときは、時間切れで次の人が引けなくなるかもしれないということを考えて行動しなくてはなりません。立つ位置も、ある程度の目測でわかるでしょうから、念入りに距離を測る必要はありません。また、筈こぼれをした場合は、あらためて引こうとせずに、自分から列の後ろに回るようにしましょう。後ろの人が「どうぞ」と言ってくれないかぎりは、列の後ろにつくのがマナーです。

前後の人が会に入っていたら待とう！

矢取りでは

射場からの合図を確認すること

赤旗（70cm四方）で表示をするか、手を打って合図をして、矢取りをします。このとき、かならず射場からの返答を待って、矢取りに出なければなりません。まだ引いている人がいる場合、合図を出してからすぐに出ると大変危険です。取った矢はかならず看的小屋でふいてから、射場に持ち帰ります。

マナー（矢取りでは）を◀動画で確認

道場を出るときは

垜の整備を終えてから着替える

練習後は垜の整備、的張りをして、弦をはずしてから着替えるようにします。道場に入るときと同様に、上座に拝礼をして道場をあとにします。

着替える前に垜の整備

ありがとうございました！

マナー（道場を出るときは）を◀動画で確認

射は皮を主とせず、力の科を同じくせざるが為なり──『論語』

有段者編

昇段や称号取得を目指す中上級者のために

　弓道をはじめ、3、4年ともなれば的中率が8割くらいになる方も少なくないでしょう。段位も三段、四段になり、いろいろな大会に出場し、それなりの成績をあげるようになると思います。癖が多少出てくるのもこの頃でしょう。

　癖の矯正というものが弓道にとってひとつの修行になるように思います。癖が出るとマイナスイメージを持たないで「弓道の神様」が与えてくれた成長のチャンスだと考えることが大切だと思います。

　射形を崩しても的中させたいと思っていては修行にもならないでしょう。人前で少しでも上手に（格好よく）引きたい、そして的中させたいともなれば、多少なりとも修行になるのではないでしょうか。

　射形は、極端に言えば他人が見て無理のない（不自然でない）と感じる程度であれば良いと思います。不自然でバランスの悪い射形というものは、どうしても無理のある（理解に苦しむ）的中になってしまいます。

　各八節の形だけでなく運行にも気をつけると、無理のない射になります。自己の射を客観的に見つめることの大切さもわかってくると思います。

　スポーツの世界では「健全な身体に健全な精神が宿る」と言われますが、果たしてそうでしょうか。何の考えもなく身体を鍛えても、健全な精神が育つはずはありません。「健全な身体に健全な精神が宿ってほしい」というのが本音のところだと思います。

　弓道であれば「段が上がれば内面（精神面）も伴っていなくてはならない」と言われるところです。

　弓道は「君子の争い」とも言われています。似たような言葉に「ゴルフは紳士のスポーツ」というのがあります。これは、プレーするにあたって不正があってはならないというところから来ているのでしょう。他人の目があるなしにかかわらず、守らなければならないこともあるのではないでしょうか。「君子の争い」とはちがいますが、弓道でも、他人の目にさらされる外面はもちろん、自己の内面にさえも不正があってはならず、そこが「君子はその一人を慎む」ということだと思います。

　そう考えると「弓道は（また弓道に限らず日本文化の中で道という名のつくものは）、礼にはじまり礼に終わる」と言われるのもうなずけます。

　後半の「有段者編」は、この礼と射とを融合させた射礼（日本弓道の型）を中心に中上級者（昇段や称号を目指す方々）を対象に、構成しました。

有段者編
第1章

有段者のための
弓具の知識

道具が射手を育て、
射手が道具を育てる

弓、矢、弽などの弓具は、
道を修めるための道具です。
射手自身が弓具の性能を充分に理解し、
自分の射に適したものに
育て上げていかなければなりません。

竹弓を見る目、育てる力を養う

　指導者または称号者を目指すとなれば、やはり竹弓を使ったほうが良いでしょう。昔は、称号者になる（あるいはなった）時期を節目として竹弓に変えるのが一般的な流れでした。

　竹弓は2枚の竹の間に側木と竹ひごをはさんで上下に関板を取りつけ、それらを接着してつくられます。このときの接着剤として、鰾（膠の一種）を使用しているのが鰾弓です。鰾弓は非常にデリケートで、温度や湿度に影響されやすいため、梅雨から夏にかけての時期にはあまり適していません。「白木弓、張ってみようか赤とんぼ」と言われるように、赤とんぼが飛びはじめる頃になると「そろそろ鰾弓を張ろうか」という時期です。

　膠ではなく、合成接着剤を使用した竹弓は、鰾弓に比べると扱いはらくですが、それなりに手入れは必要になります。こうした弓を使うことによって、弓の調整の仕方や「弓を育てていく」ことを覚えなさいというのが、称号者になったら竹弓を使うべき、ということの理由なのです。ひと口に竹弓と言っても、最近は竹の間にカーボン素材が入っているものもあります。はじめて竹弓を使う方はこうしたもので竹弓の取り扱い方法に慣れておくのも良いかと思いますが、称号者あるいは指導者を目指す方々は、本来の目的を考えると、やはり純粋な竹弓を使用するのが良いと思います。

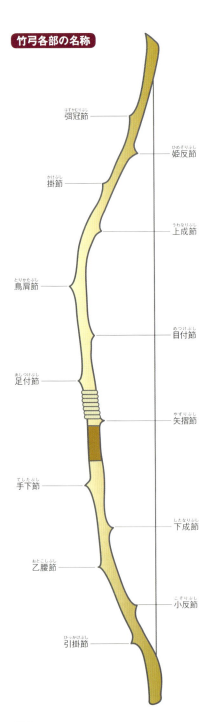

竹弓各部の名称

- 弭冠節（はずかむりぶし）
- 姫反節（ひめぞりぶし）
- 掛節（かけぶし）
- 上成節（うわなりぶし）
- 鳥肩節（とりかたぶし）
- 目付節（めつけぶし）
- 足付節（あしつけぶし）
- 矢摺節（やずりぶし）
- 手下節（てしたぶし）
- 下成節（したなりぶし）
- 乙腰節（おとこしぶし）
- 小反節（こぞりぶし）
- 引掛節（ひっかけぶし）

　竹弓は天然素材を使用しているため、それぞれに微妙なちがいがあります。「生まれ」といって弓そのものが持つ個性がありますし、個人の好みももちろんあります。下が立っている（直線的で強くなっている）形が好きだという人もいれば、手の内の関係で下が少しふくらんでいたほうが中押しがかけやすいなど、さまざまです。他人には適していても、自分には合っていないことも往々にしてありますので、自分の射に適したものをじっくりと選ばなければなりませんし、弓に合った射に慣れることが必要になる場合もあります。

　基本的に「生まれの素直」な竹弓は、あまり手入れをしなくても良い状態のまま育っていきます。生まれの良い弓でも、使い方によっては崩れてしまう場合もありますが、素直な弓であれば、数カ月引かないでいるうちにだいたいもとの形に戻っていきます。しかし、生まれに癖があるものは、自分自身の手入れによって癖を修正しながら仕上げなければなりません。これが「弓を育てる」ということです。癖がある場合は、日ごろから弦を張り終えたところで出入りを見ると同時に、張顔（はりがお）をよく観察し、理想的な形に調整して1時間程度おいてから使用するようにします。

　ですから、まずは良い弓を購入することが大切で、さらにその形を崩さないようにすること、そして形が変わってきたときにどうするかという知識が必要になってきます。弓の調整は弓

師の方にまかせるのがもっとも確実ですが、射手自身も調整や手入れ方法についての知識を蓄え「弓を育てる」気持ちを持つことも、称号者あるいは指導者としての資質なのです。

弓の歴史

原始の時代から狩猟に用いられた丸木弓は、木や竹を貼り合わせる接着剤として膠が発達したことから、その構造に改良が見られるようになります。従来の丸木弓の外側に竹を貼りつけ、軽量かつ高強度に仕上げたものです。これを伏竹の弓(継木弓)と言い、平安時代中期頃に考案されたと言われます。

伏竹の弓ができると、今度は内側にも竹を貼りつけた三枚打の弓が開発されました。平安末期から鎌倉初期のことです。三枚打の弓は、伏竹に比べてより軽量で柔軟性にすぐれています。そして、さらなる軽さと反発力を求めて発達したのが、ひご入りの弓です。これは、内竹と外竹の間に縦にひごを挟むことで弾性を強くしたもので、手のひらに収まる薄さでありながら強いという、革新的な弓となったのです。

現在も使用されているこのひご入りの弓は、いつごろ考案されたかは不明ですが、江戸時代に入り、通し矢の普及にともなって誕生したのではないかと考えられています。

弓の見方

弦をとおして弦通りを見る　　　横にして張顔を見る

竹弓は季節によって使い分ける

竹弓は、天然素材を使用している性質上、夏場と冬場で強さがちがってきます。夏に20kgで買ったものを、少し強いからと言ってそのままにしておくと、冬には22kgになっていたりします。また、夏場に20kgだったものを引き続けて、冬場に測っても20kgだったものが、次の夏に測ると18kgに落ちていた、ということもあります。ですから、夏に使う弓は夏に少し弱めのものを、冬に使うものは冬に少し強めのものを購入し、最低二張は持っていたほうが良いでしょう。

また、1本の弓を使っていると疲弊して弱ってきますので、壊れた場合に備えるためにも、季節に応じて2本ずつ持っているのが理想です。

竹弓の手入れ方法

竹弓は、湿気や乾燥を嫌います。普段の手入れでは、床用ワックスで磨いたあとに乾拭きをすると良いでしょう。これによって湿気を防ぎ、ツヤを出すこともできます。冬場はとくに、使用する前に日本手ぬぐいなどで側木をこすってあたためるようにします。

弓の断面図

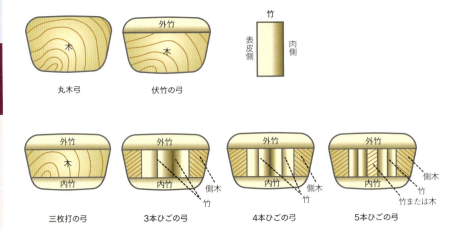

竹矢の性質を知る

弓と同様に、矢も竹製のものに慣れておく必要があります。称号者であっても、普段の練習ではジュラルミン製やカーボン製の矢を使ってもかまわないと思いますが、審査や試合などの1週間程度前からは竹矢に慣れるために切りかえるようにしましょう。

矢は、会でのしなりや離れの瞬間に弦の圧力を受けてたわみ、矢自体が持つ弾性によってさらに反対側にたわんで、しばらくは左右にたわみながらだんだんと直進するようになります（図1）。竹矢の場合は、1本の矢に4つの堅い節があることで、節と節の間の細かいスパンごとにもとに戻ろうとする力が働きます。ジュラルミン製の矢の場合は、矢全体が湾曲してまっすぐになろうとする力が働きますから、竹矢に比べると直進するまでに時間がかかります（図2）。そのため、竹矢はジュラルミン製の矢に比べて直進性にすぐれ、弦音が冴えるという特徴があります。

同じ竹矢でも、やはり良質なものはより直進性にすぐれ、矢飛びも素直です。竹の生育は気候風土に左右されるため、地方によってつくられる矢の質もちがってきます。たとえば東北の竹は細く身が締まっていて重いものが多いですが、九州方面では、気候が良いために竹の育ちが早く、太くても軽いものが多く見られます。

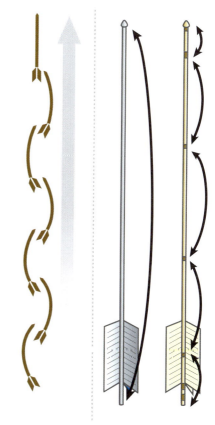

■図1
放たれた矢は、しばらくたわんでから直進する

■図2
竹矢（右）とジュラルミン製の矢（左）の湾曲のちがい

竹矢の種類

的矢は筈の形状から次の3種類に分けることができます。

◎一文字…矢先から筈まで、太さが均一でまっすぐな箆のこと。的矢として一般的に使われています。

◎杉成…矢先が太く、筈のほうにいくにしたがって少しずつ細くなっている箆。的中が良く折れにくいため、初心者に適しています。

◎麦粒…矢の真ん中あたりが少し太く、両端にいくにしたがって細くなっている箆。矢飛びが良い反面、重心が真ん中にあるため、手の内や離れの加減によっては的の前に飛びやすいなど、矢所が安定しないこともあります。遠的矢に適していますが、近的矢として好んで使用する流派もあります。

竹矢各部の名称

- 筈
- 筈巻
- 末矧
- 羽中節
- 本矧
- 袖摺節
- 箆中節
- 射付節
- 板付（矢尻）

竹矢の癖を把握する

竹矢は、曲がっている竹を節の部分でまっすぐにしてつくられています。矯めた矢がもとに戻らないよう、火で竹を焦がすなどしていますが、使っているうちに曲がりが出ることがあります。また、天然素材という性質上、四つ矢一組の中には、ほかのものに比べて矢所が異なるものも出てきます。こういったことを踏まえると、四つ矢一組をつくる際は、6本組で注文すると良いでしょう。このときつける羽根は、まず安価な雑羽で良いと思います。新調した矢のうち、箆に癖のあるものがあってもほかの矢から4本を選んで使うことができますし、故障が生じたときの予備矢にもなります。一手をつくる場合は、四つ矢を頼んでその中から2本を選ぶようにし、厳選した矢の箆に良質な羽根をつけます。

また、竹矢に使われているのはプラスティック製ではない角筈ですので、溝の切り方によって若干癖が出ます。ヤスリなどで修正する方法もありますが、わずかな癖に対処するには、行射する矢の順番を決めておくことも大切です。そうすることによって、この矢はだいたいこの飛び方をするんだなということがわかるようになり、それぞれの矢の癖を把握できるようになります。

箆や筈だけでなく、羽根のつけ方によって矢飛びが不安定になることもありますので、この場合は羽根をつけかえてもらうようにします。

矢になる前の竹。4つの節が合っているか、太さが合っているか、そして重さ、長さで選び、いくつもの工程を経て、まっすぐな矢に仕上げられる

竹矢の手入れ方法

竹矢は、曲がりや故障が出たら、矢師に直してもらうようにします。

竹矢は湿気に弱く、濡れたままにすると曲がりが出たり、羽根が浮くことがあります。雨のあとは水を拭きとり、ドライヤーなどで乾かすことが大切です。普段の手入れでは、竹弓同様、床用ワックスで磨いたあとに乾拭きをすると良いでしょう。湿気防止と、ツヤ出しの効果があります。

筈を交換する場合は、蒸気をあてて、接着剤をゆるくしてから抜くようにします。ただし、あまり蒸気をあてすぎると、羽根を傷めたり、筈巻にしみることがあるので注意が必要です。

保管する場合は、羽根の虫食いにも注意してください。

弽は自分に合った良質のものを

　弽は射技に大きく影響しますので、慎重に自分に合ったものを選ぶことが大切です。弽を指して、取懸けの形をしたまま疲れないものが良いでしょう。疲れるのは、無理な力が入ってしまうからです。

　三つ弽か四つ弽かは、各人の引き方に合わせて選択すれば良いでしょう。一般に広く使われているのは三つ弽ですが、四つ弽は四指をかけて引くという構造上、疲れにくく、強い弓を引けるという特徴があります。

　高段者にならないと四つ弽を使うべきではないとか、女子には必要ないという意見もあるようですが、ある程度弓が引けるようになったら、三つ弽に合う引き方、四つ弽に合う引き方というのが出てくるでしょうから、そのときに自分に合ったものを選べば良いでしょう。

　また、もともと四つ弽は、三十三間堂の通し矢用としてつくられたものであるため、的前には向かないという話もありますが、現在の四つ弽は、堂前用のものをもとに的前用に改良されてきていますから、一概に的前に向かないということも言えないのではないかと思います。

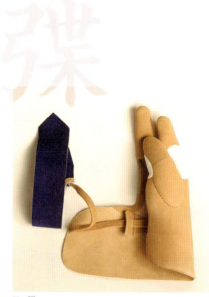

三つ弽

四つ弽

弽の手入れ方法

弓や矢と同様、弽も湿気に弱いので、取り扱いに注意が必要です。弽は鹿皮を糊づけし（一部ほかの皮も使用）、補強縫いをしてつくられているため、湿気ではがれるおそれがあります。汗をかいたらこまめに下弽を取りかえ、風通しの良い日陰で乾燥させて保管しましょう。

また、長く使っていると、帽子が擦れて穴があいたり、弦道が壊れることがあります。故障の程度にもよりますが、射手自身も簡単な修理の知識を持ち、日頃から手入れを怠らないようにしましょう。

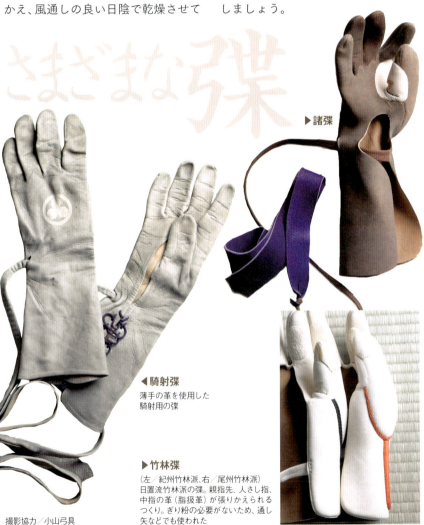

さまざまな弽

▶諸弽

◀騎射弽
薄手の革を使用した騎射用の弽

▶竹林弽
（左／紀州竹林派、右／尾州竹林派）
日置流竹林派の弽。親指先、人さし指、中指の革（脂扱革）が張りかえられるつくり。ぎり粉の必要がないため、通し矢などでも使われた

撮影協力／小山弓具

▼▶その昔、弓道は「究極の道楽」と言われた。これは、道具に凝りはじめたらきりがないということで、特別な羽根を使った矢や、漆の上に蒔絵を施した弓など、あらゆる贅沢品がつくられた。これらの弽もそうしたもののひとつで、特別な細工が施された美しい逸品

▲印伝(左)やワニ革(右)で切りかえたもの

▼通し矢用弽
通し矢用につくられた弽。一万数千本を射るため、左手が痛まないよう押手弽も着用した

指導する際の注意点

堅帽子と柔帽子では、教え方にちがいがある

　弓具が武器として使用されていた時代、弽は皮手袋が主流でしたが、通し矢の普及以降、強い弓を数多く引くために、角が入った堅帽子が主流になりました。以来、堅帽子や半堅帽子が本弽と言われるようになり、それに合わせた引き方が伝えられてきています。柔帽子の弽は、離そうとすれば容易に離れることから、初心者向けとして一般に広まり、このタイプの弽を使用している高校生や大学生も多くいるようです。柔帽子の場合、昔から伝わる本弽の場合の指導法とは異なりますから、1〜2年である程度引き方や離し方を覚えたら、本弽に移行させるように指導したほうが良いと思います。

竹弓には麻弦が適している

弦は麻弦を使ったほうが弦音が冴えますが、麻は大麻の原料になることから、その栽培が規制され稀少なものになっているため、価格や耐久性を考えると、合成繊維のもののほうがコストパフォーマンスにすぐれています。価格の相場は、合成繊維の弦に比べて麻弦は3倍程度高く、耐久性は半分以下です。

しかし、竹弓を使用する場合は、弦が切れにくいと弓の疲労につながり、故障の原因ともなりますので、麻弦のように適度な期間で切れるものが適しています。

弦の重さによって弦音もちがう

弦の重さが少し変わるだけで、弓の調子は変わってきます。流派によっては、太い弦で重い矢を使うところもありますが、目安としては、18kg～20kgの弓の場合、一匁八分の弦、七匁五分から八匁(約30g)の矢を使います。これを基準にして、あとは射手の技量次第で、20kg以上の弓でも一匁八分の弦、七匁五分以下の矢を使っても良いでしょう。射手に力量があれば、弦や矢が軽くても矢勢と的中を出すことができます。

また、軽い弦の場合、高音の弦音になります。弦音にも好みがありますから、自分の好む弦音を出せる弓と矢を使うのも良いかと思います。ただし、あまり極端に強い弓で軽い矢を飛ばそうとするとねらいが変わるため、それが原因で射形をこわし、射自体が安定しなくなりますので、注意が必要です。

ぎり粉・筆粉は
弽や弓を汚さないものを

ぎり粉は、しっかりと煮込んで脂分を飛ばし、さらっと仕上げてあるものが望ましいでしょう。つけるとベタベタするものだと、弽が黒くなったり、弓道着も汚れてしまいます。

筆粉は、汗で手が滑るのを防ぐためのものですから、使用頻度は人によってさまざまです。灰色のものが主流ですが、良質なものになるほど白っぽく、握り皮を汚さない色合いになっています。また、イカの甲羅を砕いて粉にしたもの（鳥のえさとして市販されている）を代用することもできます。ただし、体質によっては手が荒れることもあるようなので、注意が必要です。

矢筒の扱いは慎重に

籐製などの矢筒を使用している場合、矢筒を縦にして上から落とすように矢を入れると、その衝撃で矢筒の底が抜けてしまうことがあります。矢を入れるときは、矢筒を横にして静かに押し入れ、入れきったところで矢筒を静かに立てるようにします。また、矢筒を弓につけるときは、竹弓の裏反りが戻るときに矢筒もいっしょに曲がらないよう、ゆるめに紐でくくりつけるようにしましょう。

矢筒の細工

◀矢を保護する機能性に加え、伝統工芸品としても美しい籐製矢筒(写真右・中央)。左は、桜の樹皮でつくられた樺細工の矢筒

▶現在では稀少となった長門(なかと)(紙こより編み)の矢筒。細いこよりを細かく編み込んで漆を塗ってつくられており、精緻な編み目もさることながら、そのフォルムも美しい逸品

撮影協力／小山弓具

弓具取り扱いの基礎知識

解説／小山弓具（東京・神田）佐藤功男氏

弓と矢ばかりでなく、弦、弽など、弓具は相互に密接な関係を持っています。たとえば調子の良い弓を手に入れたとしても、使用する矢の重さや弦がその弓に適していなければ、本領を発揮することはできません。ここでは、弓具の扱い方や選び方などについて、専門家の話をうかがいました。

弓について

昔の人は、弓を購入すると、瀬戸物のかけらなどを刃物がわりに使って側木を削り、自分の好きな形につくりかえたものです。これを「射手村（いてむら）」と言い、射込んで削り、また射込むという作業を繰り返して仕上げた弓は、最終的な磨き直しのみ弓師に依頼しました。射手自身が弓の細工や性能をよく理解するために、射手自身の射手村をひととおり修得するのが望ましいとされていたのです。現在では射手村のできる射手をほとんど見なくなりましたが、射手自身が使いながら弓を育て上げる嗜みを持つことは非常に大切です。

弓の形は、個人の好みのほか、流派や弓の産地によってもちがってきます。購入の際は、指導してもらっている先生のアドバイスを受けながら選ぶのが良いと思います。

竹弓 取り扱いの注意点

弓の形を写しておく

竹弓を購入したら、最初に弓の形を紙に写しておきましょう。時々その形に弓を当て、狂いが出ていないかどうかを確認します。狂いが生じた場合は弓具店に持って行き、直してもらうようにしてください。

弦輪を適当な大きさにつくる

弦輪は、大きすぎると弓がひっくり返り、小さすぎると切れやすくなります。適当な大きさを見極めるにはある程度の技量が必要とされますが、その弓に適した弦輪をつくることが大切です。

裏反りを15cmから20cmに保つ

弦を張らずに弓を置いたときの裏反りを、つねに15cmから20cm程度に保ってください。裏反りがなくなると、反発力が弱くなり、矢飛びが悪くなります。弓は、弦を張ったままにしておくと、裏反りがなくなって最後は棒状になります。反対に弦をはずしておくと、反りがだんだん深くなり、最終的に半円に近い形にまでなります。この状態までいくと弦を張るのは難しいですから、弓具店で張ってもらうようにしてください。

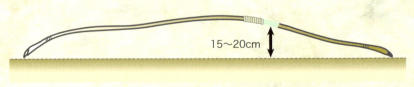

握りの部分で高さを測る

弓具取り扱いの
基礎知識

道場に行ったら、まずは弦を張る

道場に行ったら、着がえる前に弓に弦を張って型をととのえておき、着がえのあと、手ぬぐいなどの柔らかい布でよくこすり、側木をあたためます。弓を壊さないためには、こういった作業を怠らないようにしたいものです。

弓に傷をつけないこと

竹弓はとてもデリケートですから、少しでも傷をつけると、その部分から折れてしまうことがあります。構造上、弓外側と内側の竹では、二寸（約6cm）ほどのちがいがあり、それを伸ばして使うわけですから、小さな傷で繊維が切れると、非常に壊れやすくなります。握り皮を巻き直す際に、籐べらで傷つけないよう充分注意してください。

季節ごとに弓を切りかえるときは

春夏秋冬で洋服を着がえるように、弓もできれば4本持ちたいものです。久しぶりに引く弓は、使いはじめる前に弓具店で調整してもらいます。

弓は呼吸している

弓を保管するときは、木綿の布で巻いておきます。ビニール袋に入れて保管する方もいますが、これは絶対に避けてください。竹弓の素材は呼吸していますから、完全密閉されると死んでしまうのです。

矢について

　矢は、弓の強さと射手の技量によって選び方が変わりますが、一応の目安として、15〜16kgの弓に26〜27g程度の矢を合わせ、弓が強くなるほど矢を重くしていきます。しかし、射手の技量によっては、矢が軽ければ良く飛ぶものです。

　たとえば、ピンポン球を投げる場合と、ゴルフボールを投げる場合を比較してみてください。弱い力で投げた場合は、ピンポン球のほうが遠くに飛び、ゴルフボールは距離が出ません。反対に、強い力で投げた場合、ピンポン球は軽いために安定感がなく、変化球のように飛びますが、ゴルフボールは重量があるぶん安定しています。ですから、軽いものを安定して飛ばすのは、射手の技量次第になるわけです。ただし、軽い矢を強い弓で引くと、弓にかかる負担が増し、故障の原因になることも考慮してください。

　購入の際は、やはり指導してもらっている先生や専門店に相談して決めると良いのではないかと思います。

竹矢 取り扱いの注意点

泥をきれいに落とす

　使ったら泥をきれいに落とし、雨の中で引いた場合はしっかりと乾拭きして水分をとることが大切です。矢の竹は、もともとまっすぐなものはありませんから、湿気にさらされると、だんだんともとの形に戻ってしまうのです。

虫に食われないように注意する

　素材の性質上、竹弓や竹矢は虫に食われやすいため、保管の際は、防虫剤を一緒に入れておき、少なくとも年に2〜3回は出して使うようにしてください。弓や矢の筈に虫食穴を見つけたらもう食われてしまったあと。穴ができるのは、虫が入るときではなく、出るときなのです。

弓具取り扱いの
基礎知識

弽について

▲矯め直し
火であぶり、矯め木を使って曲がりを修正していく

弽はもっとも大切な道具です。ほかに代わるものがないことを示す「かけがえのない」という言葉は、弽の替えがないというところから生まれた言葉です。昔は、弽だけはつねに懐に入れて持ち歩き、弽をおくときには他人に弦道を見せないようにしていました。熟練者が見れば、どんな引き方をしているか一目でわかってしまうからです。

弽も流派によってちがいがありますから、やはり教わっている先生に聞くか、指導者がいない場合は、今使っているものに近いものを選ぶようにすると良いでしょう。

蒸気をあてて、羽根をととのえる

親指で押さえたり、人さし指をのせることで、羽根が倒れてしまうことがあります。時々は蒸気をあてて、羽根をもとに戻しておくようにしてください。

弦について

あまりにも弦が丈夫すぎると、弓に負担をかけてしまうため、道具全体を考えて弦を選べば良いと思います。弦師もそのあたりのことを考慮してつくっていますから、それほど神経質になる必要もありませんが、1本の弦で引けるのは、200本が限度と考えてください。

鰈取り扱いの注意点

下鰈を頻繁に取りかえる

手にかいた汗をそのままにしておくと、塩分や湿気で鰈が傷んでしまいます。10射引いたら交換するなど、下鰈は一日何度でも取りかえるようにしてください。

紐を強く巻かないこと

紐はぎりぎりと締め上げず、鰈なりにゆったりと巻くようにします。強く巻くと、鰈の形が崩れてしまいます。

ぎり粉は1回の量を少なく

ぎり粉をつける際は、回数を増やして、1回分の量を減らすこと。1度に大量につけると、飛び散って鰈を汚したり、道場や弓道着も汚すことになります。1回分を指にのせたら、左手で右手をたたいて余分な粉を落とし、それで足りなければ、もう一度つけて同じことを繰り返します。

弓具取り扱いの
基礎知識

弦 取り扱いの注意点

新しい弦は徐々に慣らす

　新しい弦をつくったときは、すぐには使わず、少なくとも一晩は弓にかけておきます。そして、最初の何本かは半分引いて離すなどして、徐々に慣らしていくと、比較的長持ちします。

弦は適度に切れるようにする

　合成繊維の弦で、ある程度引いているのに弦が切れない場合は、弦に傷をつけて、意図的に離れのときに切れるようにします。弦が切れないからといって、ただ取りかえるだけでは意味がありません。弦が切れることによって弓を戻すということが大切なのです。引き込まずに、張ったままの状態ではさみを入れて切っても、5cmから10cmは裏反りが戻りますから、それでも良いでしょう。

麻ぐすねをかける

　原料の麻は、繊維が2mほどで、太さが安定していないため、少しずつ継ぎ足し、より合わせてつくられています。ですから、長く使うとどうしても毛羽立ってくるため、それを防ぐために麻ぐすねをかけます。麻ぐすねをかけると熱が発生し、ついていたくすねが柔らかくなり、しみ込んでなじみます。くすねが麻繊維の間に入って強くなりますので、少しでも丈夫さを保つためにはくすねでの手入れが必要です。

まとめ

　いずれの道具も、故障が大ごとになる前に、なるべく早くそのトラブルに気づき、弓具店に相談することが大切です。とくに故障がない場合でも、年に何度かは弓具店に持って行き、調整してもらうようにしてください。

Column 3

弓具や着物に関わる尺貫法

「尺貫法」は日本古来の計量単位系のことで、長さが「尺」、重さが「貫」、体積が「升」を基本単位としています。中国から伝来したこの数値は1875年（明治8年）に統一され、このときに「尺貫法」と名づけられました。1886年（明治19年）に日本がメートル条約に加入後は、国際的統一単位のメートル法を基準とするようになり、尺貫法は公式の単位としては使われなくなりましたが、日本家屋の設計基準には、現在でも「尺」が一般的に使われるなどしています。弓道の世界でも、弦や矢の重さは「匁」、弓の長さは「尺」で表わすように、尺貫法は私たちの身近に数多く残されています。着物をつくるときや弓具を購入するときなど、その数値を正確に把握できるよう、尺貫法を正しく理解しておくと良いでしょう。

【重さ(質量)の単位】
分（ぶ）・匁（もんめ）・貫（かん）

【長さの単位】
現在、一般に「尺」というと曲尺(10/33m)のことを言いますが、和裁に関しては鯨尺(25/66m)を使います。
- ■ 曲尺（かねじゃく）　もともとは大工が使う指矩（さしがね）（L字型で両方の辺に目盛りがある物差し）のことで、のちにそこに目盛られている建築用の寸法のことも表わすようになりました。
- ■ 鯨尺（くじらじゃく）　着物の仕立てに使われた寸法。もとは布を測るときに使われた物差しのことで、のちにそこに目盛られている和裁用の寸法も表わすようになりました。鯨尺一尺は曲尺の一尺二寸五分（＝約38cm）に相当します。

※袴の号数も鯨尺の表示です(24号は二尺四寸)。メーカーにより、鯨尺一寸の長さがちがう場合もあります。
　購入の際は、袴の前紐の下から裾までの長さを測っておきましょう。

有段者編
第2章
着物の知識

和服で弓を引く機会に備えて

演武や矢渡しなど、中上級者になると
和服を着る機会が増えてきます。
審査でも四段以上からは
和服の着用が義務づけられています。
三段を取得した頃には自分の着物をつくり、
和服での行射に慣れておくと良いでしょう。

着物のTPO

着物は、織り方や柄などによって格式がちがいますので、TPOに合わせて選ぶことが大切です。

礼装（公式の儀式。一般には結婚式や葬儀など）

	10月〜5月	6月・9月	7月〜8月
着物	黒羽二重五つ紋付(袷)	同左(単)	同左(絽)
羽織(男性)*注1	黒羽二重五つ紋付(袷)	同左(絽)	同左(絽)
袴(男性)	縞	同左	同左(絽)

略礼装（審査や大会など。一般にはパーティや正式の訪問など）

	10月〜5月	6月・9月	7月〜8月
着物	色無地のお召(袷)	同左(単)	同左(薄お召)
羽織(男性)	色無地のお召一つ紋付(袷)*注2	同左(絽)	同左(絽)
袴(男性)	縞または無地	同左	同左(絽)

*注1 男性の羽織は正式な服装ですが、道場内では着用しないのが一般的です
*注2 弓道の場合、略礼装でも五つ紋を着用する人が多く見られます

着物の織りと仕立て

羽二重（はぶたえ）	目が細かく肌ざわりが良く、光沢のある上等な絹織物。
お召（めし）	撚(よ)りを強くかけた糸で織ったもので、お湯で揉み、しぼ(皺)をつけるちりめんと同じ技法でつくられる。
袷（あわせ）	裏地をつけて仕立てた着物のこと。女物は胴裏と裾回しを縫い合わせて仕立て、男物の長着は通しの裏をつけて仕立てる。
単（ひとえ）	裏地をつけずに一重に仕立てた着物のこと。
絽（ろ）	盛夏用の染下生地で、織り目の透けた薄い絹織物。
紗（しゃ）	布面に隙間があり、通気性に富む織物(シースルー素材)。正装には向かない。

着物のつくり方

着物は弓道着よりも衿が張っているため、慣れないうちは打起しで肩が突っ張る感じがするなど、違和感を覚えることがあると思います。まずは着物を着て弓を引くことに慣れることが大切ですから、普段から練習に着物での行射を取り入れてみると良いでしょう。

はじめて着物を購入する際は、弓具店を利用するのが安心です。男性の場合、一般的な和服は袖付や袖口が狭く、肌ぬぎ動作などには適していませんから、呉服店で注文する場合は、袖付や袖口を広めにとるよう依頼します。最初のうちは、扱いが比較的簡単で、価格も手頃なウール素材のものから着てみると良いと思います。女性の場合は襷をかけるので、通常の着物で問題ありませんが、袖付を広めに（下げて）つくり、身八ツ口を狭くすると良いでしょう。

袴は、男性の場合、縞袴を選びます。縞柄は年齢によって若い人は太めの縞、年配の人なら細めのものを、と言われていますが、自分に似合うものを選べば良いでしょう。

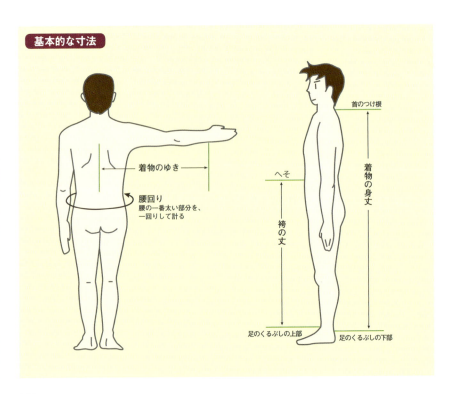

基本的な寸法

着物各部の名称(男性用)

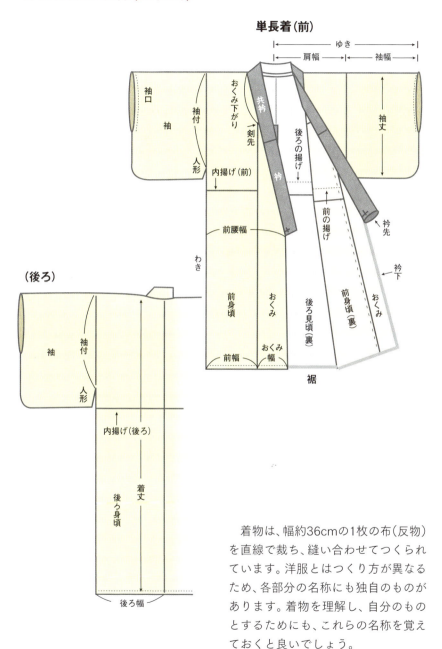

着物は、幅約36cmの1枚の布(反物)を直線で裁ち、縫い合わせてつくられています。洋服とはつくり方が異なるため、各部分の名称にも独自のものがあります。着物を理解し、自分のものとするためにも、これらの名称を覚えておくと良いでしょう。

Column 4

男性の羽織紐の結び方

公式な場で羽織を着用する際には、羽織の衿を長着の衿に自然に沿わせるようにしてそろえ、羽織の衣紋を抜きすぎないように気をつけましょう。

羽織紐は、羽織の衿の胸あたりにある「乳」という輪に付けます。最近は、結んである羽織紐の端にSカンを付け、それを乳に付ける人が多いようですが、直接乳に紐をつないで自分で羽織紐を結んだりほどいたりするのが正式な形で、着物姿の所作としても美しいと思います。

ここでは、一般的な羽織紐の結び方を紹介します。

❶

房の先が上にくるようにして左右の紐を輪にします

❷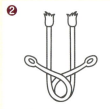

右の輪が上にくるように左右の輪を重ねます

❸

左右の房をそろえ、重ねた輪の上にもってきます

❹

重ねた輪の中に紐を入れ、下に引きます

❺

輪の部分（※）に房の根元がくるように下の紐を引いて形をととのえます

紋の入れ方

　五つ紋は背の中央にひとつ、左右の外袖と両前身頃の胸にひとつずつ入れます。

　三つ紋は背の中央にひとつ、左右の外袖にひとつずつ入れます。

　一つ紋は、背縫いの中央に入れます。

着物の着付け

長襦袢・長着を着る
(ながじゅばん・ながぎ)

❶ 長襦袢の衿を持って肩にかけます

❷ 左右の衿先を中央で合わせます

❸ 袖に手をとおし、袖口を持って左右に軽く引き、背の中心を合わせます

❼ 長着と長襦袢の衿を持って下前を合わせ、左腰骨の上に長襦袢のみ置きます

❽ 長着の衿先を再度中央で合わせて、背の中心を合わせます

❾ 長着の下前を合わせます。衿は長襦袢に沿わせて衣紋は抜きません

＊長襦袢……肌着（肌襦袢）と着物の間に着て、着物の形をととのえ、保温と同時に動きをスムーズにするもの
＊長着………足首まである丈の長い着物のことで、羽織や道行に対しての言い方
＊上前………着物の前を合わせたときに上になる部分。「下前」の反意語
＊衣紋………衣服のきちんとした着付けのことを意味するが、現在では着物の衿もとをきちんと合わせたところのことを言う。また、首の後ろで衿を抜く部分も指し「衣紋を抜く」、「抜き衣紋」などのように使う。

足袋の履き方はP22へ

長襦袢・長着の着方を◀動画で確認

④ 長着を着ます。
長襦袢と同様に長着の衿を持って肩にかけます

⑤ 長着と長襦袢の左右の衿先を中央で合わせ、袖に手をとおします

⑥ 長着と長襦袢の両袖口を持って左右に軽く引き、背の中心を合わせます

⑩ 上前を合わせます。半衿は左右対称に5mm程度出すようにします

⑪ 仮留めとして腰ひもを締めます

⑫

＊男性は肌ぬぎを行なうため、通常は下着を着用しませんが、撮影の都合上、ここでは下着を着て行なっています。

帯を結ぶ
(片ばさみの応用・袴下の場合)

帯の結び方
(片ばさみ)を
◀動画で確認

❶ 帯の一方の端を半分に折り、30cm程度とります（これを「手(または手先)」と言い、反対側の端を「垂れ」と言います）

❷❸ 帯の長さにより、右腰骨とへその間の位置で手先を持ち、帯の上辺がへそ下2〜3cmのあたりにくるように二巻きから三巻きします。のちに袴の紐を巻き込むため、手先は長めにとります

❼❽ 垂れ先を、胴に巻いた帯の間に入れます

❾ 背の中央を合わせ、しわを伸ばします

着物の着付け

手先を二つ折りにしたまま下ろし、
その上に垂れを重ねて交差させます

垂れを手先の下から上に引き抜き、
結び目がゆるまないように引き締めます

腰ひもをとります

袴をつける
（男性の場合）

袴のつけ方（男性の場合）を◀動画で確認

❶ 袴に足を入れ、帯の上辺に袴の前紐上辺を合わせます

❷❸ 前紐を後ろに回して帯の結び目の上で交差させ、両脇で引き締めてから前に回します

❾ 袴のへらを帯と長着の間に挟みます

❿ 腰板を帯の結び目の上にのせて背中にぴったりと沿わせ、袴の後ろ紐を前に回します

⓫⓬ 紐を交差させ、こま結びにします

着物の着付け

左前脇で右下、左上になるように前紐を交差させます

後ろに回した紐は、帯の結び目の下で、しっかりと蝶結びにします

帯の末端を、上から下に巻き込みます

紐の末端は、身体の側面で前紐にからませます

長着にしわが出ないよう、確認します

袴をつける（女性の場合）

袴のつけ方（女性の場合）を◀動画で確認

❶ 袴に足を入れ、帯が隠れるように前紐上辺を合わせます

❷ ❸ 前紐を帯の結び目の上で交差させ、前に回します

❼ 帯の末端で、袴の紐を上から下に巻き込みます

❽ ❾ 袴の後ろ紐を前に回し、中央よりもやや左よりの位置で交差させ、袴の横から中に入れて後ろに回します

着物の着付け

前に回した紐を再度交差させて後ろに回し、帯の結び目の下で蝶結びにします

帯のすぐ下で蝶結びにします

長着にしわが出ないよう、確認します。弓道では、女性の場合も衣紋を抜きませんので注意しましょう

着物のたたみ方

着物のたたみ方を▶動画で確認

❶ 右脇の縫い目を折ります

❷ おくみの縫い目から、手前に折ります

❺ 両脇の縫い目を重ねます

❻ いったん裾を折り曲げます

携行する場合

❾ *1

❿ *1

収納する場合

❾ *2

❿ *2

たとう紙の長さに応じて、三つ折りもしくは二つ折りにします
※たとう(畳)紙……害虫や湿気よけの収納紙

下前に、上前の衿とおくみを重ねます

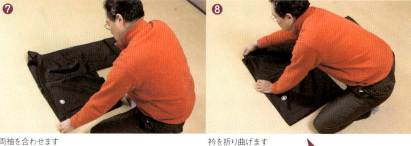

両袖を合わせます　　　　　　　　　　衿を折り曲げます

衿の折り曲げ方

携行する場合は、風呂敷の大きさに合わせるか（10*1）、さらに半分に折りたたみ（11*1）、持ち運びに適したサイズにします

袖を折り返します

最終的にたとう紙のサイズに合わせます

袴のたたみ方（携行する場合）

袴のひだを右側に寄せます

袴の背面を上にして腰板を左に置き、後ろのひだをととのえます。腰板を押さえながら裾を引くようにすると良いでしょう

前紐はしわにならないように折り込みます

裾から3分の1のところで、ひだを崩さないように折り上げます

左右を折り込んでさらに半分にし、後ろ紐でくくります

腰板を持って前面に返し、前ひだをととのえます

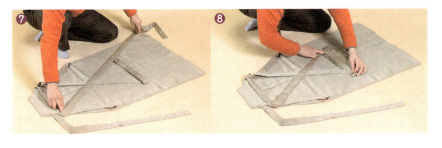

後ろ紐をととのえ、腰板を持って反対側を重ねます

Column 5

闘争心むき出しの顔は減点対象

　皆さんは行射中の自分の表情を意識したことがあるでしょうか。大会や審査の場面では、よく眉根を寄せ、グーッと歯を食いしばっている人を見かけます。一所懸命なのはわかりますが、がんばっているのは誰でも同じ。しかめっ面で弓を引くのは、いかがなものかと思います。「顔の表情なんて……。」とおっしゃる方もいますが、実際、審査や全日本選手権でも、闘争心むき出しの顔は減点の対象になります。

　私が若い頃は、半眼で顔の表情を消す感じで引くようにと言われました。昔の侍の戦いもそうだったのだと思います。顔に恐怖や怒りを出すと、相手には「与し易し」と思われ、「こいつは怖がってるな」とか「冷静さを失っているのだろう」と見透かされてしまいます。

　『葉隠』にも、顔の表情に関しておもしろい記述があります。「毎日鏡を見て顔をつくる練習をしなさい」という内容なのですが、どういう顔にするかというと、ようするに「利発そうな顔をしてはいけない」ということなのです。利発そうな顔で仕事をして成功しても、世間からは「あ

あ、あいつだったら当たり前だな」と見られ、失敗をしたときは「あいつが失敗するのか?」と言われてしまう。でも、いつものほんとした顔をしていれば、ちょっと良い仕事をしたときに「あいつ、なかなかやるな」と思われる、ということなのです。意味合いは少しちがいますが、顔の表情を意識することの大切さを伝えるひとつの処世術だと思います。

　表情は鏡さえあれば自分でチェックすることができますから、黙っているときの自分の顔はどうなんだろうと、一度目をつぶってから開いて見てみると良いでしょう。そして次に弓を引いているときはどんな感じなのか、実際にやってみます。意外に口がとがっていたり、目が怖くなっている人が多いと思います。そんなときは、口角を少し上げるような気持ちで口を真一文字にする練習を意識的に行なうことで、しかめっ面からも抜け出せるはずです。

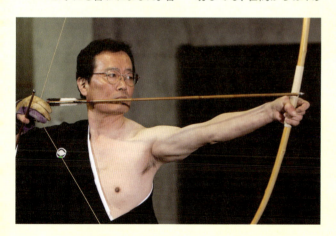

有段者編
第3章
肌ぬぎ・肌入れ
襷さばき

呼吸に合わせて構え、姿勢を崩すことなく

着物を着用して行射する際に、
左袖を脱ぐ動作を「肌ぬぎ動作」、
ぬいだ肌を再び袖に入れる動作を
「肌入れ動作」と言います。
動作は呼吸に合わせ、目づかいに注意し
構えや姿勢を崩すことのないように行ないます。

肌ぬぎ動作

[1] 脇正面に向きを変えつつ（おおむね45度向きが変わったあたり）、身体の中央で右手を籐頭のあたりに添え、両手で弓を立てながら脇正面に向きを変え、弦が鼻筋にくるように弓を身体の中央に立て、左手をももの付け根にとり、右膝を生かします。

❶ 本座で跪坐し捌

❷ 腰を切り、脇正面に向きを変える

❸ 45度回ったあたりで弓を立てはじめ

❹ 弦が鼻筋にくるように弓を身体の中央に立てる

❺ 左手をももの付け根にとり、右膝を生かす

肌ぬぎ動作を▶動画で確認

[2] 左手を袖口に入れ、親指で袖山の内側をすりながら、袖口にほかの四指をそろえて出して袖口を持ち（親指は袖口の中）、的に通じるような気持ちで左肘を伸ばして衿もとをくつろげます。このとき、目付けは移動する左手拳に注ぎます。
＊くつろげる……かたくしまっているものなどをゆるやかにすること。ゆるめること。

左手を袖口に入れる

的に通じる気持ちで左肘を伸ばす

[3] 肘をそのままの位置で折り曲げ、拳を左乳下のあたりに運び、着物の脇と背をくつろげ、再び左手を的の方向に軽く伸ばします。肘はそのままの位置で伸ばしきらず、目付けは移動する左拳に注ぎます。

拳を左乳下のあたりに運び、脇と背をくつろげる

[4] 物見を返しつつ（正面に戻す）、左手拳を袖口に入れます。

視線を正面に戻す

肌ぬぎ動作

移動する左手拳に視線を注ぐ　　　親指で袖山をすりながら

親指は袖口の中に入れる

視線は移動する拳に注ぐ　　　肘はそのまま伸ばしきらない

動作のポイント　肌ぬぎ・肌入れ

☐ 弓はつねに身体の中央にあるように注意する。
☐ 指先は開かず、掌は心もちくぼませる。

[5]袖口に入れた左手を懐に入れて着物の上前懐をくつろげ、腕を胸部に密着させて、手先を右肩の上まですり上げるようにして肘を出し、肘先を身体に沿って下げるようにして肌をぬぎます。

上前懐をゆるめる

[6]肌をぬぎ終わったら、袖口の上端を袴の前紐に下から差し込み、袂を脇中(股立ち)に入れ、手をももの付け根にとり、一息ののち、的正面に向きを変えつつ弓を左手に移します。

袖口の上端を持ち

手をももの付け根にとり、一息おく

向きを変えつつ弓を左に移動し

肌ぬぎ動作

腕を胸につけ、すり上げるように肘を出していく

肘先が身体に沿うように肌をぬぐ

袖口を袴の前紐に下から差し込む

袂を袴の脇中に入れる

腰を切り

的正面に向きを変える

的正面を向いたところで弓を左手に移し終える

肌入れ動作

[1] 肌ぬぎ動作と同様、脇正面に向きを変えつつ、弓を身体の中央に立て、左手をももの付け根にとって右膝を生かします。

本座で跪坐

弦が鼻筋にくるように弓を身体の中央に立てる

[2] 袴の脇中から袂を出し、袖口を袴紐からとってその上端を持ち、左肩に覆うようにかけます。

袴の脇中から袂を出す

腰を切り、脇正面に向きを変える

45度回ったあたりで弓を立てはじめ

左手をももの付け根にとり、右膝を生かす

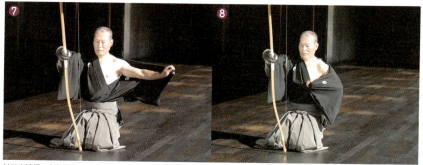

袖口を袴紐からとり、その上端を持つ

袖を左肩に覆うようにかける

[3]左手先をそろえて着物の下前の衿ぎわから入れ、右脇下に回し、その肘先を上前の衿ぎわから胸部・背部にすり回すようにして袖に入れます。

下前の衿ぎわから左手先を入れ

[4]左手を袖口から出して衣紋（衿もと）をととのえ、手をももの付け根にとり、一息ののち、的正面に向きを変えつつ弓を左手に移します。このとき、袂は弓と弦の間に入れます。

左手を袖口から出し

腰を切り

揖をする

肌入れ動作

⑩ 左手先を右脇下に回す　　⑪ 左肘下を上前の衿ぎわから入れ　　⑫ 肘先を胸部と背部にすり回すように袖に入れる

⑭ 衣紋をととのえる　　⑮ 手をももの付け根にとり、一息おく

⑰ 的正面に向きを変える　　⑱ 向きを変えつつ弓を左手に移す

襷さばき

襷は弓具店で購入し、自分の体格に合わせて調整しましょう。

行射の前に、長さ17〜18cmの屏風だたみにしておきます。一方の端を上に向け、それを身体の内側にして左腰（笹ひだと一のひだとの間）に挟み込みます。

17〜18cm

笹ひだ
一のひだ
三のひだ
二のひだ

襷がけ

[1] 脇正面に向きを変え、末弭を中央におさめてから右寄りに移します。弓を左ももにおき、生かしている膝を少し上げます（足を出して膝を上げないこと）。

襷がけを
◀動画で確認

① 本座で跪坐し揖

② 腰を切り、脇正面に向きを変える

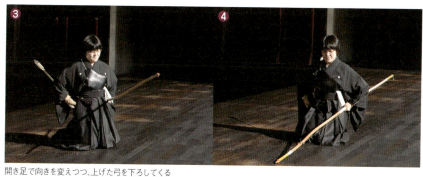

③ 開き足で向きを変えつつ、上げた弓を下ろしてくる

④

[2]矢を弓の下（握りの上部）に持っていき、弓を持ったまま、左手指でいったん矢を押さえ、右手で筈中節のあたりを持って、射付節が弦の下までくるように送り込み、弓と弦で矢を押さえるようにします。

矢を弓の下に持っていき、左手指で矢を押さえる

[3]左手で腰から襷をはずし、身体の正面に構えます。襷の上端を右手小指と薬指で握り込んで右肘を上げて上下に襷を引き出します。視線を注ぎながら左手で右袖下の中央をとり、右手は袖口下に人さし指・中指をかけるようにして持ち、袖幅を肘から半分に折り、左手親指を上に出して押さえます。

　視線を戻しながら右手を左脇に入れ、襷を繰り出しながら右肘外を回って左肩から下ろします。

左手で襷をはずし、身体の正面に構える

襷がけ

右手で筈中節あたりを持ち、
射付節が弦の下までくるように送り込む

弓と弦で矢を押さえる
ようにする

襷の上端を右手小指・薬指で
握り込んで右肘を上げ、上下に
襷を引き出す

小指と薬指で襷を握り込んで引き出す

左手で右袖下の中央をとり　　　　　右手は、袖口下に人さし指と中指をかけるように持つ

襷を繰り出しながら、右肘外側へと回し　　繰り出した襷を左肩から下ろす

[4] 下ろした襷を右手に持ちかえ、視線を注ぎながら左手で袖口下を持ちます。左袖を右袖と同様に折り、右手親指を上に出して押さえ、左手を右脇に入れます。右手に持った襷を左肘の外へ回して右から胸に下ろします。

下ろした襷を右手に持ちかえ、視線を注ぎながら袖口下を持ち

襷がけ

袖幅を肘から半分に折り、左手親指を上に出して押さえる

視線を戻しながら右手を左脇に入れる

左脇で襷を押さえる

左手は、袖口下に人さし指と中指をかけるように持つ

袖幅を肘から半分に折り、右手親指を上に出して押さえる

視線を戻しながら左手を右脇に入れる

右手に持った襷を左肘外側へ回す　　　左肘外側から肩

[5]右肩から下ろした襷の長さを調整し、最初に持った右手の襷の端を、下ろしてきた襷にかけてとおし、輪が上になるように片結びします。

右肩から下ろした襷の長さを調整する

襷の結び方

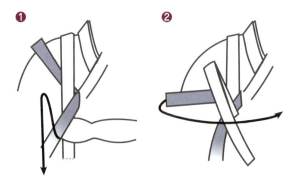

襷がけ

頭上を越し　　　　　　　　　右胸に下ろす

右手の襷の端を、下ろしてきた襷の上からとおす　　　輪が上になるように片結びをする

❹

**動作の
ポイント**

襷さばき

☐ 手の動作だけに気をとられて姿勢や構えが崩れないように注意する。

☐ 弓と矢を安定させて組むには、矢をももの付け根に近づける。

[6] 弓と矢を持ち、弓の下にある矢を2度で引き出し、射付節または板付を持ち、膝を下ろして執弓の姿勢に戻り、一息ののち、的正面に向きを変えます。

弓と矢を持ち

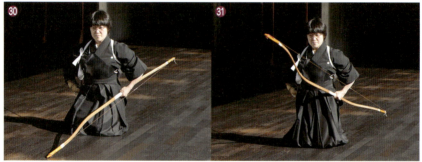

射付節または板付を持ち、執弓の姿勢をとる　　一息ののち、腰を切り

襷はずし

[1] 襷がけと同様に脇正面に向きを変え、弓を左ももの上におき、右手で弓を保ちます。

脇正面に向きを変える

弓の下にある矢を2度で引き出す

的正面に向きを変える

弓を左ももの上におき、右手で弓を保つ

襷はずしを
◀動画で確認

[2] 結び端を左手の親指とほかの4指で挟み、手刀を切るようにして身体の前方に伸ばし、結び目を解きます。次に結び目の上部に親指を入れ、再び左手を前に伸ばして結びを解きます。

結び端を、左手親指とほかの4指で挟み　　　　手刀を切るようにして前方に伸ばし、結び目を解く

[3] 左手の親指を左胸の襷にかけ、親指で襷を挟み、身体の前方に伸ばします。襷を挟んだままの左手で、再度左胸の襷に親指をかけ、身体の前方に伸ばして正面に構えます。
＊このときまで、右手は弓を保持しています。

左手の親指を左胸の襷にかけ　　　　親指で襷を挟み、前方に伸ばす

襷はずし

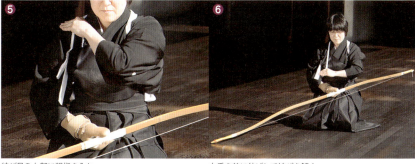

結び目の上部に親指を入れ　　　　　左手を前に伸ばして結びを解く

襷を挟んだまま、再度左胸の襟に親指をかけ　　　前方に伸ばして正面に構える

[4] 襷を右手に持ちかえ、適当な長さ（屏風だたみにしたくらいの長さ）に、3た
ぐりしておさめ、たたみ終わったら、そのまま身体の正面で合掌の形をとり、左
手に襷を移します。襷を左手に移したあと、右手は弓を保ち、襷は最初につけた
位置よりも奥の脇腰につけます。

襷を右手に持ちかえ　　　　　　　　　3たぐりして適当な長さに合わせ、合掌の形をとる

[5] 右手で保っていた弓を左手で握り、弓と弦の間に袂を入れて膝を下ろして
執弓の姿勢に戻り、一息ののち、的正面に向きを変えます。

弓を左手に移し　　　　　　　　　　　弦の間に袂を入れて、執弓の姿勢に戻る

襷はずし

右手は弓を保ち、左手で襷を脇腰に差し込む

一息ののち、腰を切り、的正面に向きを変える

男女が肌ぬぎと襷がけを
同時に行なう場合

　同時に終わるように心がけましょう。男性の肌ぬぎ動作はゆとりを持って行ない、逆に襷はずしの際は、女性がゆとりを持って動作します。互いに思いやりの心を持って行なうことが大切です。

本座に跪坐　　　　　　　　　　　　腰を切り

男子＝肘を出して脱ぐ　　　　　　　男子＝左手をもものあたりにとる
女子＝襷を左肘外側から回す　　　　女子＝弓と矢を持ち、執弓の姿勢になる

脇正面に向きを変える

男子=脇と背中をくつろげる
女子=袖を半分に折る

的正面に向きを変える

Column 6

中りは正射の最低条件

　弓道の本質的な意味を考えると、的をひとつの目標と考えてこれに向かって矢を放つわけですから、的をねらった以上は的中しなくてはなりません。「中りは正射の最低条件」だと思います。いついかなるときでもはずさないということは、正しい射技の修得を意味しています。

　ですから、高段位、あるいは称号を目指す方々は、的中精度を高めることも考えなければならないと私は思います。

　公益財団法人　全日本弓道連盟の審査規程には、三段から五段に関する条件が、以下のように記されています。

三段
射形定まり、体配落ち着き、気息整って、
射術の運用法に従い、矢飛び直く、
的中やや確実な者

四段
射形定まり、体配落ち着き、気息正しく、
射術の運用法に適い、離れ鋭く、
的中確実の域に達した者

五段
射形・射術・体配共に
法に適って射品現われ、
精励の功特に認められる者

　三段になると、はじめて的中に関する記述が出てきます。四段では「的中確実」とありますが、たとえば羽分けであっても、審査の場での行射から「普段の的中率は高いだろう」と判断されれば、昇段できることもあるようです。五段になると、的中ではなく「射品」という言葉が出てきます。「射品」とは、中りにとらわれないということではなく、的中に対する執着を見せず、あたかも的には無関心のように引く、ということだと思います。ようするに、中りを求めるあまり姿勢を崩してしまったり、目がきつくなる、など、見た目に変化なく射を完成させることが大切になってきます。ですから、三段を取得した頃からは「射品」を意識するようにし、背すじを伸ばして基本の姿勢を崩さずに引き込むことを心がけなければなりません。

有段者編
第4章
射礼

弓道の型
射の基本となる態度、動作、射法、射技を示す

射礼は、祭祀式典などにおいてその時代の式服を着用し、
時・所・位にかなった座作進退のもと、
誠心誠意射を行なうものです。
2人以上の射手で行なう場合には、
相互の間や間合いに留意して、円滑に終始することが大切です。
なお、前の射手が行射の最中に射をかぶせないことが鉄則です。

用具と施設 | 基本体 | 射法八節 | 上達の極意 | 審査・競技 | マナー | 弓具の知識 | 着物の知識 | 肌ぬぎ・肌入れ | 射礼

射礼の精神

日本古来からの伝統文化には、華道、茶道、書道、そして武道などさまざまな「道」があります。こうした「道」で礼儀を重んじる言葉としてよく使われるように、弓道も「射は礼にはじまり礼に終わる」と言われます。行射に関して言えば、射場に入るときに礼ではじまり、退出するときに礼で終わる、ということになりますが、この言葉が示すものは、それだけではないのだと私は思います。

儒教の経書のひとつ『大学』には、礼の本質が次のように記されています。

　　君子はその独りを慎む
　　（徳のそなわった者は、
　　　誰が見ていなくても
　　　慎んで不善を為さない）

この言葉を突き詰めていくと、道の修行は礼儀作法にはじまり、自己を見つめ、自己を高めていくところに目的があると解釈できると思うのです。

射礼の種類

射礼には、的前射礼、大的射礼、巻藁射礼の3種類があり、的前、巻藁射礼には坐射礼と立射礼があります。大的射礼は、原則として屋外で行なうものですから、立射礼になります。的前、大的射礼は、単身で行なう場合と、2人以上で一つ的または持的で行なう場合があり、巻藁射礼は単身で行ないます。

これら3種類の射礼は、時・所・位によって、次のような場合に行なわれます。
◎矢渡し……祭祀式典、競技、審査などの開催にあたって最初に行なうもので、行事の責任者または主催者がつとめる。
◎坐射礼……前記の各射会で、慶弔または答礼などのために行なうもの。
◎立射礼……坐射礼に同じ。
◎巻藁射礼……慶祝、神事など重要な儀式の際に、矢渡しに先だって行なうもので、最上位の射手または権威者がつとめる。

※この章では、昇段審査や称号審査などの際に必要となる、以下の的前射礼を解説します。

坐射礼	本座で肌ぬぎ、襷がけを行なう場合	▶P200
	射位で肌ぬぎ、襷がけを行なう場合	▶P208
2人以上で行なう坐射礼		
	●持的射礼（四人立）　＊錬士2次審査	▶P209
	●一つ的射礼　＊教士以上の2次審査	▶P214
立射礼	▶P224	
2人以上で行なう立射礼	▶P228	
介添え	▶P230	

坐射礼

本座で肌ぬぎ、襷がけを行なう場合

［1］射手は執弓の姿勢で入場し、上座に意を注ぎ、礼（三息）を行ないます。
［2］定めの座に正坐し、上座に意を注ぎ、礼を行ないます。

　立って本座に進み、的に向かって跪坐して揖をし、脇正面に向きを変え、男子は肌ぬぎ、女子は襷がけを行ないます。

　的正面に向きを変えて射位に進んで跪坐し、脇正面に向きを変え、甲矢を番えて行射します。

　弓倒しし、物見を返したら、的正面に向きを変えつつ足踏みを閉じ、後退して本座に跪坐します。

定めの座に正坐し、上座に意を注いで礼
＊意を注ぐ……ただ目を上げるだけではなく、上体を起こしながら気持ちを通わせる

射位に進み　　　射位で跪坐　　　開き足で回り

坐射礼 本座で肌ぬぎ、襷がけを行なう場合を動画で確認

本座で的に向かって跪坐し揖

脇正面に向きを変えたあと、男子は肌ぬぎ、女子は襷がけ

的正面に向きを変える

脇正面に向きを変える

甲矢を番えて行射する

執弓の姿勢をとるとき、矢の板付を隠す場合は二足で足を踏み開きます。
射付節を持つ場合は一足で開きます。
それぞれに足の閉じ方もちがいますので注意しましょう(P205参照)

弓倒しして物見を返し　　　的正面に向きを変えつつ足踏みを閉じる

坐射礼　本座で肌ぬぎ、襷がけを行なう場合

本座に戻り　　　　跪坐する

[3] 気合いを充実させたまま乙矢を持ちかえ、気息をととのえます。立ち上がって射位に進み、甲矢と同じように乙矢を射放ちます。

気合いを充実させたまま
乙矢を持ちかえる

立ち上がって射位に進み　　乙矢を番え　　行射する

坐射礼　本座で肌ぬぎ、襷がけを行なう場合

Check! 射礼の場合の足の閉じ方

二足で開いた場合
（矢の板付を隠した場合）

的正面に向かいつつ右足を半歩寄せ、それに左足を引いてそろえる

一足で開いた場合
（矢の射付節を持つ場合）

的正面に向かいつつ左足を引いて、右足にそろえる

本座に跪坐し、脇正面に向きを変える　　男子は肌入れ、女子は襷はずしを行なう　　的正面に向きを変え

[4] 射終わったら、甲矢のときと同じように後退して本座に跪坐し、脇正面に向きを変え、男子は肌入れ、女子は襷はずしを行ないます。

　的正面に向きを変え（このとき筈を弓と弦の間に入れます）、左膝を生かして揖を行ない、立って数歩下がって定めの座に退き、正坐して上座に意を注ぎ、礼を行ないます。

　立って一歩下がり、退場口の手前（末弭が敷居に届くあたり）で右足のかかとに左足のかかとを寄せてL字型にして上座方向に向き、右足を寄せると同時に上座に揖（二息）をして身体を起こし、退場口に向きを変えながら、右足、左足、と歩いて、最後に右足で敷居をまたぎ、退場します。

坐射礼　本座で肌ぬぎ、襷がけを行なう場合

左膝を生かして揖　　　立ち上がり　　　数歩下がって定めの座に退く

定めの座で正坐して上座に意を注ぎ、礼を行なう

坐射礼

射位で肌ぬぎ、襷がけを行なう場合

[1] 入場から本座までは、基本の坐射礼と同様です。
　本座で的正面に向かって跪坐し、揖をして射位に進みます。

[2] 射位で脇正面に向き変え、肌ぬぎ（または襷がけ）を行ない、弓を左手に持ちかえ、左膝を生かします。

　甲矢を番えて行射し終えたら、その場に跪坐して乙矢を持ちかえます。甲矢と同様に射放ち、その場に跪坐して（跪坐をしつつ、弓を身体の正面に立てる）、肌入れまたは襷はずしを行ない、的正面に向きを変えて立ちます。本座に後退し、跪坐して揖を行ない、定めの座で礼をして退出します。

2人以上で行なう坐射礼

多人数が一体となり、間合い、息合い、気合い等に注意し、調和の美と力を発揮しなければなりません。

- 持的射礼・四人立
- 一つ的射礼・三人立
- 一つ的射礼・四人立
- 一つ的射礼・二人立

持的射礼

四人立・基本の間合い

[1] 入場から定めの座での作法、肌ぬぎまたは襷がけ、その他の動作は[本座で肌ぬぎ、襷がけを行なう場合]（P200〜参照）と同様です。

全員が呼吸を合わせ、同時にそろって動作を行なうことが大切です。

[2] 本座から全員同時に射位に進み、いったん跪坐して脇正面に向きを変え、同時に矢番えをして、1番（大前）から順次甲矢を射放ちます。

射終えたら本座に退き、跪坐して全員が射終わるのを待ちます。

この場合、前の射手が本座に跪坐しはじめると同時に次の射手が立ち上がります。

※状況によっては前の射手の物見返し、または取懸けで立ち上がっても良い場合があります。

肌をぬぎ、襷をかけ、本座で跪坐

大前から順次甲矢を射る

前の射手が本座で跪坐しはじめると同時に次の射手が立ち上がる

持的射礼 四人立・基本の間合いを ◀動画で確認

④ 本座に後退した射手は、落ちの弦音で立ち

⑤ 落ちの弓倒しと同時に射位に進む。
落ちは、脇正面に向いたまま足を閉じる

⑥ 全員そろって跪坐し、脇正面に向きを変え

⑦ 全員で乙矢を番える

[3] 本座に後退した射手は、最後の射手（落ち）の弦音で立ち、弓倒しと同時に射位に進み、跪坐して脇正面に向きを変えます。

　最後の射手は、射終わったあと、脇正面に向いたまま足を閉じ、前の射手と同時にそろって跪坐して乙矢を持ちかえます。

　全員で乙矢を番え、甲矢と同様に1番から射放ち、本座に退いて跪坐し、最後の射手が射終わって本座に退いて跪坐するのを待ちます。

持的射礼　四人立・基本の間合い

［4］全員射終わったら、同時に脇正面に向きを変え、そろって肌を入れ（または襷をはずし）、的正面に向きを変えて揖を行ない、定めの座で上座に礼をして退出します。

動作のポイント

持的射礼

1 動きを先導するのは？

定めの座をとる場合（五人立の場合）

- □ 入場から定めの座について脇正面に向きを変えるまでは5番（大落）が先導し、正坐に移るときから1番（大前）が先導。
- □ 射終わって、本座から定めの座に戻るときは、本座から数歩下がるまでは1番（大前）が先導し、定めの座へ方向転換するときから定めの座について脇正面に向きを変えるまでは5番（大落）が先導。

＊先導者が変わる際、切れ目ができないように息合いを合わせて動作することが大切です。

2 入退場の際の末弭の位置

→入場時は前の人の右側に
→退場時は前の人の左側に

3 本座で列が乱れないように注意

前の射手の背中が見える位置まで退くと良いでしょう。

持的射礼

四人立・物見返しで立つ（一つ的の間合い）

※持的射礼［基本の間合い］で時間の余裕がない場合にこの間合いで行ないます

大前が甲矢を射るまでは［基本の間合い］と同様

前の射手の弓倒しで筈を保ち、物見返しで立ち上がり、本座に退くと同時に次の射手が足踏みをする

持的射礼
四人立・一つ的
の間合いを
▶動画で確認

持的射礼

四人立・取懸けの間合い

※［一つ的の間合い］でも時間に余裕がない場合にこの間合いで行ないます

前の射手が甲矢を取懸けると同時に次の射手が立つ

前の射手の弦音で弦調べを行なう

前の射手が本座に退きはじめると同時に次の射手が取懸ける

持的射礼 四人立・取懸けの間合いを ◀動画で確認

一つ的射礼

三人立

[1] 入場、定めの座の作法は基本の射礼と同様に行ない、本座（射位から五歩の位置）で1番が的の中心になるように跪坐します。

[2] 全員同時に揖ののち、脇正面に向きを変えて肌ぬぎまたは襷をかけます。的正面に向きを変えて、全員同時に射位に進み、跪坐して脇正面に向きを変え、同時に矢を番えます。

全員同時に矢を番える

[3] 1番が甲矢を射終わり、的正面に向きを変えながら足踏みを閉じるのと、2番が立って足がそろうのが同時になります（1番の弓倒しで2番は筈を保ち、1番の物見返しで2番は腰を切って立ちます）。

2番は、1番が本座へ後退すると同時に射位に進み、足踏みをします（2番が左足を半歩踏み開くのと、1番が本座で跪坐する引き足が同時）。

1番は跪坐し、乙矢（取り矢）を持ちかえます。

3番は跪坐のまま動きません。

一つ的射礼
三人立を
◀動画で確認

1番が甲矢を射終えたら

1番の弓倒しで2番が筈を保つ

1番の物見返しで2番が腰を切る

1番が足踏みを閉じるのと、
2番が立って足がそろうのが同時

1番が本座へ後退すると同時に2番が射位に進む
（2番が左足を半歩踏み開くのと、
1番が本座で跪坐する引き足が同時）

1番は跪坐し、乙矢を持ちかえる

［4］2番が甲矢を射終え、足踏みを閉じると同時に、3番と1番が立ち、2番の後退と同時に3番は射位に進みます。

1番は的正面に向かって立った位置から左斜め（3番が跪坐していた場所）に進んで跪坐し、脇正面に向きを変えて乙矢を番えます。

後退した2番は本座で跪坐し、3番が射終わるのを待ちます。

2番が的正面に向きを変えながら足踏みを閉じるのと、1番、3番が立って足がそろうのが同時

2番の後退と同時に3番は射位に進む

［5］この動作を繰り返し、3人が順番に乙矢を射終えたら、本座に後退して跪坐し（1番は右斜め後方、2番は真後ろに、3番は左斜め後方に、いずれも右足から下がる）、全員同時に脇正面に向きを変えます。

全員同時に肌を入れ（襷をはずし）、的正面に向きを変え、揖をして立ち、定めの座に退き、上座に対して坐礼をして退出します。

3人が乙矢を射終えたら

本座に後退して跪坐する

一つ的射礼 三人立

1番は3番が跪坐していた場所に進んで跪坐する

2番は本座で跪坐し、
1番は脇正面に向きを変えて乙矢を番える

二矢を射終えての本座への下がり方（方向）

1番は右斜め後方に下がる

2番は真後ろに下がる

3番は左斜め後方に下がる

動作の
ポイント
一つ的射礼（三人立）

1 直角二等辺三角形を崩さない
射位にいる射手を中心として動作を起こします。
直角二等辺三角形が崩れないように注意してください。

2 「失」があった場合
射手に失があった場合は、失の処理が済むまでほかの射手は跪坐をして待ちます。もし失をした射手が過失によって失の処理をしないまま退いた場合は、ほかの射手が連帯の責めを感じ、失の処理をすると良いでしょう。

1番、2番が続けて弦切れして乙矢を引かない場合、1番、2番とも本座に下がっているので、3番は、甲矢を射たあと、その場で跪坐をして矢を番え、続けて乙矢も行射します。

進退の順序▶

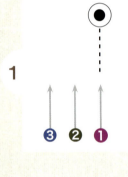

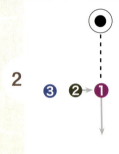

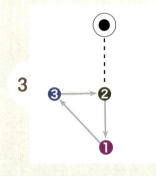

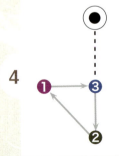

3 「本座はひとつ」の原則を守る

1. 最初、本座と定めて揖をした位置
2. 甲矢を射終わり、下がった位置
3. 乙矢を射終わり、下がった位置

いずれも同じ位置になります。

射位まで5歩程度で進める位置に本座を定め、後退する場合は7歩（二足で足踏みを閉じる場合は8歩）で本座に後退します。

※射手の身長、歩幅によって多少の差異があります。

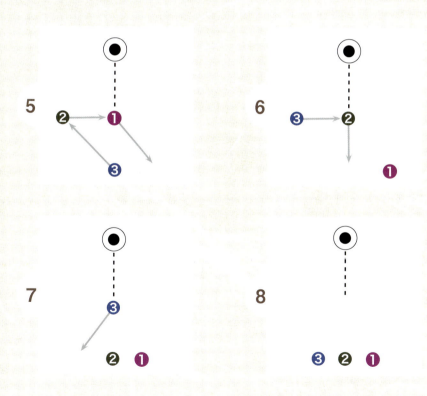

一つ的射礼

四人立

※四人立の場合は、四角形に位置をとります

3番が甲矢を射終わり

3番が的正面に向きを変えながら足踏みを閉じるのと、1番、2番、4番が立って足がそろうのが同時

本座での跪坐で列を合わせるため、❷はやや左斜め方向に向かう

3番の後退と同時に、1番、2番、4番が移動する

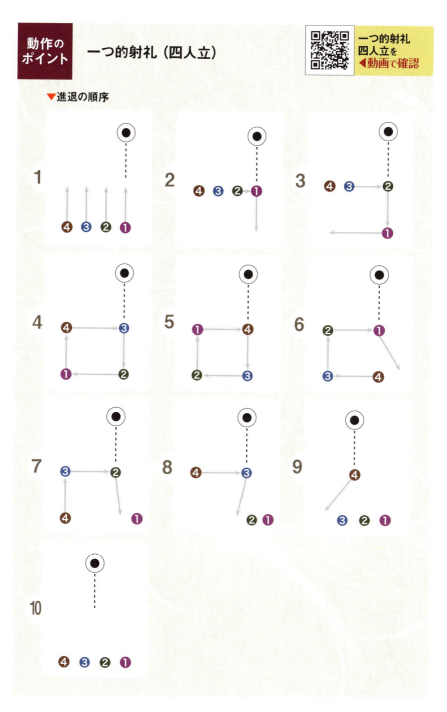

一つ的射礼

二人立

※二人立の場合は、3人の場合に準じて三角形で行ないます

1番は本座で跪坐する

1番が甲矢を射終わり

2番が取り矢をする頃
1番が立ち上がる

1番が的正面に向きを変えながら足踏みを閉じるのと、
2番が立って足がそろうのが同時

2番の胴造りが終わり、右手を腰のあたりにとる頃に立ち、
左斜めの射位に進む

1番が本座に下がるのと同時に
2番が射位に進む

1番は射位で跪坐し、脇正面に向きを変えて乙矢を番える

動作のポイント 一つ的射礼（二人立）

一つ的射礼
二人立を
◀動画で確認

▼進退の順序

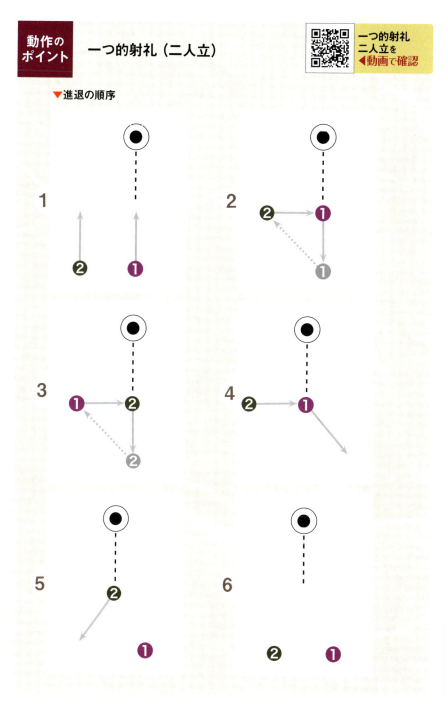

立射礼

［1］入場の礼をしたあと、定めの座に立ち、上座に対して礼を行ない、本座（射位の約2歩手前、弓の末弭が射位に合うようにすると良い）に進んで的正面に立ち、揖を行ないます。

射位に進み、脇正面に向きを変えつつ、足踏みをします。

本座で揖　　　　　　　　　　　脇正面に向きを変えつつ足踏みをする

［２］弓を起こしながら右手で弓の鳥打のあたりを保ち、身体の中央に立て、肌をぬぎます。

　右手を目付節あたりまで下げて弓を少し傾け、弓の握りを乳のあたりまで上げ、左手で弓弭をとります。

　弦を下に返し、弓を起こして肩の高さで甲矢を番え、乙矢を打ち込み、右手で筈を保って弓の本弭を左膝頭におき、右手を腰のあたりにとります。

右手で鳥打のあたりを保ち
弓を起こしていく

身体の中心に弓を立て
弦を鼻筋に合わせる

肌をぬぐ

右手を目付節あたりまで下げて
弓を少し傾け、弓の握りを乳付近まで
上げて左手で弓弭をとる

弦を下に返す

弓を起こして肩の高さで甲矢を番える

乙矢を打ち込んで右手で筈を保ち、
弓の本弭を左膝頭におき、
右手を腰のあたりにとる

甲矢を射る

弦を下に返し乙矢を番えて、
甲矢と同様に射る

［3］弦調べのあと、射法にしたがって甲矢を射放ちます。

　弓倒し、物見を返したあと、弦を下に返して（末弭をつけて握りをゆるめ、両手は腰から離さない）、弓を抱え込み、乙矢を番えて甲矢と同様に射放ちます。

［4］弓倒しし、物見を返したあと、肌ぬぎのときの要領で弓を持ち、身体の中央に立てて肌を入れ、衣紋をととのえます。

※肌が入らない場合は、弓を右手に抱えて安定させ、両手で処置しても良いでしょう。

　右手を目付節のあたりまで下げて弓を少し傾け、的正面に向きを変えながら弓を左脇に運んで弓弭をとります。

［5］本座に後退して揖を行ない、次に定めの座について上座に対して礼をして退出します。

立射礼

肌ぬぎのときと同様に身体の中央に弓を立てる

肌を入れ、衣紋をととのえる

右手を目付節のあたりまで下げて弓を少し傾け、
的正面に向きを変えながら弓を左脇に運んで弓弭をとる(写真14〜16)

本座に後退して揖

2人以上で行なう立射礼

※単身で行なう場合とほぼ同じですが、射手相互に関連があるので、とくに1番の役割が重要です。

[1] 一つ的を原則としますが、持的にしてもかまいません（写真は一つ的で行なっています）。

※一つ的にする場合は、足踏みを的と一直線上に踏み開き、抱き的、背負い的にならないように注意します。

[2] 射位では全員同時に矢番え、取り矢をして1番から甲矢を射て、足踏みのまま執弓の姿勢で最後の射手が射終わるのを待ちます。

前の射手の弦音を聞いたあとに弦調べを行ない、前の射手の物見返しののちに取懸けます。

[3] 最後の射手が射終わったら、1番は間合いをはかり（最後の射手が弓倒しをし、物見を返して一息おいた頃を見はからって）、乙矢を番えます。

ほかの射手もこれにならい、全員同時に矢を番えます。

[4] 1番から順次乙矢を射て、最後の射手が射終わったら、1番は間合いをはかり、弓を右手に移し、肌を入れます。これも全員同時に行ない、本座に後退します。

2人以上で行なう立射礼を ◀動画で確認

① 全員同時に矢番え、取り矢をする

② 1番から甲矢を射る

③ 前の射手の弦音で弦調べをはじめる

④ 足踏みのまま執弓の姿勢で最後の射手が射終わるのを待つ

⑤ 全員同時に乙矢を番える

介添え

大会で入賞者による納射が行なわれることもありますので、介添えの動作を身につけておくと良いでしょう。

　第一介添え……射手を担当
　第二介添え……矢取りを担当

介添えは、つねに射手の動きに注意し、射手の必要に応じて適宜補佐する役目を担っています。ただし、射手はなるべく介添えの補佐を受けないように行動することが大切で、介添えも必要以上の出すぎた動きをしてはなりません。基本体、基本動作にしたがい、介添え相互が一体となって、射手の心気を乱さないように心がけます。

[1] 射手の入場に合わせ、第二介添え、第一介添えの順で入場します。

射手が二等辺三角形の頂点になるように着座

射手の礼に合わせて射手よりやや深い礼をする

介添え(入場)を◀動画で確認

定めの座に、射手が二等辺三角形の頂点になるように着座し、射手の礼に合わせて射手よりやや深い礼をします。

　※このとき、直接上座に注目しないようにします。

[2] 射手が本座に向かうのに合わせ、第二介添えは、向きを変えて垜に向かいます。

　第一介添えは、射手が目の前を通過する頃に向きを変え、射手の後ろに従います。射手が本座につき、跪坐するのに合わせて同時に跪坐し、射手の揖に合わせて指建礼の姿で控えます。

　第二介添えは、垜で適当な位置に蹲踞し、左手はももの上におき、右片手指建礼の姿で控えます。

第二介添えは向きを変えて垜に向かう
第一介添えは射手の後ろに従う

垜へ

第一介添え

射手が本座で跪坐すると同時に跪坐し

適当な場所に指建礼で控える

肌ぬぎ

　第一介添えは、射手が袖さばきを終え、左手拳を袖口に入れる頃に立って進み、射手の真後ろに跪坐して、射手を介助する場合に備えます。

　肌ぬぎが終わったのを確認したら、屈体で立ち、右足から3足までは屈体のまま下がり、もとの位置に跪坐し、両手指建礼の姿で控えます。

① 射手が左手拳を袖口に入れる頃立って進む
② 射手の真後ろに跪坐して見守る

③ 屈体で立ち、もとの位置に戻って控える
④ 射手は甲矢、乙矢を射る

襷がけ

　射手が襷をかけるために左手で右袖下の中央をとった頃に立ち、進みます。

① 左手で右袖下の中央をとった頃に立ち、進む
② 射手の真後ろに跪坐して見守る

介添え

肌入れ

　射手が脇正面に向きを変えつつ開き足をはじめる頃に立って進み、射手の真後ろに跪坐し、射手を介助する場合に備えます。

　射手の肌入れが終わったのを確認したら屈体で立ち、右足から3足までは屈体のまま真後ろに下がり、向きを変えて矢の受け渡し場所へ向かいます。

① 射手が開き足をはじめる頃に立ち、進む　　② 射手の真後ろに跪坐して見守る

③ 肌入れが終わったのを確認したら、矢の受け渡し場所へ向かう

襷はずし

　基本的に両手指建礼の姿で控えた場所を動かず、そのままの姿勢で見守ります。射手が襷をほどいて親指で左胸の襷を挟み、身体の前へ伸ばす頃、矢の受け渡し場所に向かいます。

控えた場所を動かず見守り、射手が左胸の襷を前へ伸ばす頃、矢の受け渡し場所へ向かう

第二介添え

垜の前に行き、的に8分、射場に
2分くらいの向きで蹲踞する

左手はももの上におき、
右片手建指礼で控える

幕の出入り方法

幕の下を出入りする際は、幕に手を添え、身体を低くします。
手を前に出して押したり、姿勢が崩れないように注意しましょう。

左手親指と人さし指の間に幕の下端を入れ、前方に押しながら入る

介添え

矢取り

[3] 第二介添えは、甲矢が射込まれたあとに立ち上がり、矢取りに適した位置まで進み、蹲踞して左手で手刀を切って矢がささった場所（的）を押さえ、3度羽ごきし、三手繰りに抜きます。

左足から3足後退して、向きを変えて射場に正対し、右足からもとの位置に戻ります。

適当な位置に甲矢を立てかけ、再び射場に正対する位置に蹲踞し、右片手指建礼で控えます。

蹲踞して手刀を切り、的（または矢がささった場所）を押さえる

3度羽ごきする

三手繰りに抜く

右手は射付節を持ち、左手で一息にぬぐう

Check! 羽ごきの手順

矢のささり方によって多少向きが変わりますが、上・向こう側・手前の順で羽ごきします

矢を右腰に取り、立ち上がる　　　　左足から3足後退する

> **Check!**
> ### 第二介添え
> ### 矢取り後の後退方法
> 左足から3足後退して、向きを変えて射場に正対し、右足からもとの位置に戻る。
> ※的から3歩までの間は的が上座となる

> **Check!**
> ## 甲矢のおき方
> 甲矢をおく場合は、矢羽根を下にし、屈体で右手でおき、左足を引き、左に開いて射場に正対し、左足からふたたび同じ位置に戻る。

矢羽根を下にして矢立ておく

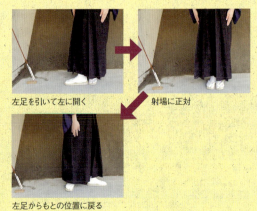

左足を引いて左に開く　　射場に正対

左足からもとの位置に戻る

向きを変えて射場に正対　　　　　　　右足からもとの位置に戻る

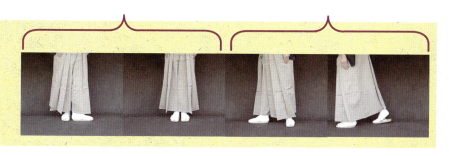

[4] 第二介添えは、乙矢も同様に処理したあと、立てかけてある甲矢を乙矢に添えて持ち、射場に向かいます。

甲矢のときと同じ動作で甲矢のある位置まで戻り、屈体で右手で甲矢、乙矢をそろえて持つ　　　　　矢を右腰に保持し、左足を引いて左に開き、射場に正対する

[4]（続き）

　第一介添えは、射手の肌入れの介助（必要以上に動かない）ののち、矢の受け渡し場所に向かいます。第二介添えから矢を受け取り、作法にしたがって射手に矢を渡し、定めの座に着き

矢の受け渡し

第一介添えと第二介添えが同時に出会い、第一介添えは跪坐、第二介添えは蹲踞。間をおかずに第一介添えが揖をする

第一介添えは、左手を身体の中央、右手を右腰に運び、矢を右斜め後ろに移動させ、右手で羽ごきをし、右手が射付節を持つように持ちかえる

第一介添えの両手が右腰にそろい、左手が左腰に戻る頃に合わせて、第二介添えは揖をする

第二介添えは第一介添えにならい、やや遅れて立ち、履き物は脱ぎ捨てにして右足から射場に入り、いったん左足をそろえて右足から前進し、定めの座に進む

介添え

ます。
　第二介添えは、第一介添えに矢を渡したあと、定めの座に跪坐します。

❸ 第二介添えは、右手に持った矢を身体の正面に垂直に立てながら、筈中節あたりに当てた左手を下げて羽ごきをする

❹ 両掌を上向きに矢を水平にし、右手は射付節の下、左手は袖摺節あたりを受け、第一介添えに差し出す

❼ 第二介添えが上体を起こすと同時に、第一介添えは腰を切り、開き足で方向を変える

❽ 左右のかかとがついたところで、右足を踏み出して立つ

退場

[5] 第一介添えは、射手の真後ろに回り込んで跪坐し、左足から射手右斜め前方へ1歩膝行します。

　左足を踏み出すとともに、矢を身体の正面に垂直に立て、左手を筈中節のあたりに添えます。

　膝行しながら左手が本矧のあたりまで下がると同時に左右の膝がそろい、羽ごきをしながら、開き足で左へ向きを変え、射手の右腰帯のところに矢の根を当

① 矢を受け取ったのち、第一介添えは射手の真後ろに向かう　　② 左足を踏み出すとともに矢を身体の正面に垂直に立て、

⑤　　⑥

両手をももの付け根にとり、左足から寄せ足（1歩または2歩）で射手の真後ろに跪坐する

[6] 第二介添えは、射手の本座での揖に合わせて立ちます。

　射手が定めの座に着座するのに合わせて着座し、礼,ののち、射手、第一介添え、第二介添えの順で退出します。

⑧

介添え

てて、腰を切りながら差し込みます。
　※射手の足踏みの仕様により、板付、射付節のいずれかを事前に確認しておきます。
　射手が握ったかどうか確かめるために、少し引いてみます。

　両手をももの付け根にとり、左足から寄せ足（1歩または2歩）で射手の真後ろに跪坐し、射手に心を配りつつ、屈体で立ち上がります。

左手を筈中節のあたりに添える

開き足で左へ向きを変え、射手の右腰帯のところに矢の根を当てて、腰を切りながら差し込む

射手に心を配りつつ、屈体で立ち上がる

射手が握ったかどうか確かめるために、少し引いてみる

射手、第一介添え、第二介添えの順で退出する

Column 7

最上位の射手が行なう
巻藁射礼

　重要な儀式の際、矢渡しの前に最上位の射手または権威者が行なう射礼です。また、垜がない場合、雨天の場合、各種武道合同の演武会等の場合は巻藁射礼を行ないます。

　以下に、巻藁前坐射礼の手順を紹介しますが、特徴的な動作は以下の2点です。

① 本座と射位が同じ位置
　（巻藁から弓一丈）
② 2本の矢を、10cm間隔で射る

[1] 入場、定めの座の作法どおりに行ない、射位に進み、跪坐して揖を行ないます。

　脇正面に向きを変え、肌をぬぎ（襷をかけ）、左手に弓を持ちかえます。このとき、生かした膝も組みかえます。矢番えののち、立って射法に従い（甲矢を巻藁の中心より少し右側に）行射します。

[2] 射終わったあと、足を閉じてその場に跪坐し、乙矢を持ちかえてひと息ののち、弓を立てて乙矢を番え、甲矢と同様に（甲矢よりも約10cm左側に）行射します。

[3] 射終えたら、その場に跪坐しながら弓を立てて肌を入れ（襷をはずし）、巻藁正面に向きを変えて立ち上がります。

[4] 弓を起こしながら左足から3足進んで足をそろえ、右足を半足踏み出し、右手で弓の目付節のあたりを持ち、巻藁台の右側に立てかけ、右足をもとに戻し、巻藁の左側に寄せ足2歩で回り込み、矢に添うように立ちます。

[5] 左手で手刀を切り、巻藁（甲矢のあたり）を押さえ、3度羽ごきをして甲矢を三手繰りに抜きます。左手を腰にとり、筈を下にして巻藁台に立てかけ、同様に乙矢を抜き、甲矢とともに持ち、手を腰にとります。

[6] 寄せ足2歩で巻藁正面に向かい、右足を半歩踏み出し、右手で弓の目付節のあたりを持ちます。右足から射位に3歩退きながら、弓を左腰に運んで左手で持ち、執弓の姿勢で射位に復して跪坐し、揖を行ないます。定めの座で上座に礼をして退出します。

2本の矢を
10cm間隔
で当てる

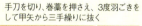

手刀を切り、巻藁を押さえ、3度羽ごきをして甲矢から三手繰りに抜く

付記

修行者のための基礎知識

称号者・指導者としての素養とは

審査や試合は修行の一過程にすぎない

弓道修練の眼目の最終目標は、人間完成の必要性であり、それにより、人生をより豊かに高めていくものだと思います。

この弓道の目標は、本来であれば地道な練習の積み重ねによって達成されるものです。ところが、適当な指導者につかないで修行している方は、修行を積むうえで自らが努力の成果を逐一確認できなければ、次なる段階に登るための適切な時期を見失いがちになります。

そこで弓道においては「称号制度」や「段位制度」が制定され、定期的な大会や試合が行なわれています。形はちがいますが、これらの目標としているところは「弓道修行の成果の目安、自己判断の材料にする」ということで一致していると思います。つまり、審査や試合は弓道修行の道しるべとしてあるわけで、それ自体が目的ではないのです。

試合とは「いま自分が持っている力をその場でどれだけ発揮できるか」を試す場であり、誰かと争う場ではありません。試合では、「前の試合ではここができなかったが、今日はここまでできた」、「今日できなかったことを次にどう生かすか」といったことが見えてくればいいのです。

審査も同様です。ひとつの段位(または称号)取得のみを目的とするのはまちがいで、本来は長い修行の一通過点であるべきなのです。

これから高段位、称号を目指す方は、審査や試合の意義を正しくとらえ、自分自身が何のために弓を引くのかを、今一度考えておきましょう。

自己流を教えてはならない

段位を積むにつれ、ほかの人に指導しなければならない場面も出てくると思いますが、その際に注意したいのは、まず相手に教えを請われない限り口出しすべきではないということ。さらに、請われた場合でも、数日間はその射手の射をじっくりと見極めることが必要だということです。射手の技量に応じて課題がちがううえ、その人の良い点を見極めることができなければ、射手を良い方向に導くことはできないからです。

指導に際しては、あくまで基本を守り、「自分はこうしたら具合がよくなった」など、自己流を教えることは

絶対に避けなければなりません。たとえば胴造りを例にとると、「へそを下に向ける意識で」という教え方をする人もいれば、かたや「へそを上に向ける」という教えもあります。これは、指導を受けた射手が極端な引き方だったために、極端な矯正を受けたところから生まれたものだと思います。もともとほかの人から見て不自然でないように引いていれば、このような教え方はされなかったと思います。

ですから、自分に合っていたからと言って、それが万人に通じる教えではないということを知らなければなりません。自己流一辺倒な教え方は、射手を極端な射へと導く結果になってしまいます。

射手の技量に応じた指導を

『論語』には、射に関する記述で、次のようなものがあります。

「射は皮を主とせず、力の科を同じくせざるが為なり　いにしえの道なり」

これは「体力や技術には各々の個人差があるのだから、それを無視して結果のみを評価するのは正しくない。その人が持てる力をどれだけ発揮したかを評価してあげられるか、また、弓射だけではなく立ち居振る舞いなども総合的に見なくてはならない」と説いたものです。このように、指導者は射手の修練段階に応じて総合的に評価することが大切であり、教える射手に対してつねに誠実でなければなりません。

弓道に関する知識を深めること

段位・称号審査において、実技だけではなく学科や面接が課せられているのは、指導者としての教養に必要であるだけでなく、文武の両道が求められているからです。昔から、弓道を志す人は、射術の稽古だけではなく、先達の書をひもとき、幅広い知識を蓄えたものです。現代においては『弓道教本』の深い理解はもちろんのこと、『論語』『射経』『射学正宗』『礼記』など、さまざまな文献にあたり、見識を深めることも必要だと思います。

道具に関する正しい知識を持つ

有段者編・第1章でも詳しく解説したように、弓具に関する正しい知識を持つことは、道を修めるための必須事項です。ここで言う弓具とは、自分自身の道具のことだけではありません。たとえば弓具店に新弓を購入しに行き、「肩入れさせてください」と言いながらもめいっぱいまで素引きしてしまったり、手の内を絞って弓を壊してしまった人の話をよく耳にします。肩入れというのは、肩のあたりまで引くことで、私が若い頃は「目通りあたりで止めて弓の強さがわかるようにしなさい」と言われたものです。また、弽を購入する際に、素手のまま商品に手を入れようとする人を見かけますが、手の脂が製品につかないよう、事前に下弽を持

参して行くべきです。

　矢についても同じです。試合などで矢取りをすることがあっても、人の矢羽根がきれいだからと言って、むやみに手でさわると、やはり手の脂がついて変色の原因になります。本来は言うまでもないことですが、最近はこうした気遣いができていない人が増えているのが現実のようです。

常識人であること

　最初に選んだ師が段位にこだわらない人物であった場合、修行を続けていくうちに、教えを請うた射手が師よりも上の段位にいく場合があります。しかし、前述のとおり、段位や称号はその制度の中の目安であって、段位が上になったからといって、師の上に立つような態度をとることは控えなければならないと思います。道の序列は、かならずしも段位や称号によって決まるものではないというのは、常識の範疇でとらえられること。指導者の素養としてもっとも大切なのは、常識人であることです。一般社会人とかけはなれた非常識な人では、いくら弓射がすぐれていても、その人に指導を受けようという気にはならないはずです。

段級審査・称号審査の流れ

初段〜六段審査

【審査内容】実技＋学科のみ
＊四段から着物着用が義務づけられていますので、三段を合格した頃から肌ぬぎ動作も練習しておくと良いでしょう。

七段審査

【審査内容】
1　一次審査（実技）
2　二次審査（実技）
3　二次審査通過者（候補者）を対象に論文審査

＊二次審査の課題は、基本的に一つ的射礼が多いようです。一次審査通過者が一名であった場合、まれに巻藁射礼が課題として出されることがあります。不測の事態に備えて、一手の巻藁矢を用意しておくことも必要でしょう。

錬士審査

【審査内容】
1　一次審査(実技・学科)
2　一次審査合格者を対象に面接および二次審査(実技・持的射礼)

＊面接は口頭試問で、学科の延長ですから、『弓道教本』の全編と弓礼・弓法・弓令を理解していなければなりません。

教士審査

【審査内容】
1　一次審査(実技)
2　一次審査合格者を対象に面接および二次審査(実技・一つ的射礼)
3　二次審査通過者(候補者)を対象に論文審査

＊論文審査は、二次審査通過通知後、2週間以内に提出することになっています。どのような問題が出されても対応できるように、日頃から、弓道に対する心構えなどを文章にしておくなどして、自身の弓道観を明確にしておくと良いと思います。

審査に臨んで

動作の基本が身についていることが前提

　錬士審査および教士審査で科せられる面接は、上座・下座のとり方に注意しなければなりません。通常であれば、下座側の左から椅子に入ることになりますが、面接官の座席によっては、左側が上座となる場合もあります。出入り口がここだから下座はこちら側だな、というふうに冷静に判断できれば良いのですが、座り方のまちがいを指摘されたときに何が悪かったのかを理解できていないと、パニックに陥ってしまいます。普段から、臨機応変な立ち居振る舞いができるよう、動作の基本はしっかりと身につけておかなければなりません。

実技二次審査では、状況を判断することが大切

　錬士、教士、七段審査では、その場で射礼の課題が与えられ、15分程度の打ち合わせ時間の中で、誰がどういう動きをするかを確認することができます(八段審査では、打ち合わせの時間が与えられなくなります)。

　リードする立場(大前または落ち)になった場合は、ほかの射手のことを気遣うことが大切です。後ろにいる人は、急に曲がられたりすると戸惑ってしまいますから、曲がるときにはスピードを若干ゆるめるなどの配慮をしましょう。大切なのは調和のとれた動作で、全体の動きがバラバラになってしまうと、良い評価は期待できません。

弓道用語解説

あ行

【あしぶみ】足踏み　的に対して正しく自分の位置を定める動作。両足先を外八文字に的の中心と一直線上に矢束分踏み開くこと。

【あたり】中り　的の表面に矢がささること。的中。全日本弓道連盟、全日本学生弓道連盟などで詳細を規定している。

【あづち】堋・安土　的を立て、矢を受けるために土を盛ったところ。的は、中心が地上から27cmの高さ、後方に5度の傾斜になるよう串にかけて固定する。

【いきあい】息合い　すべての動作を意識して行なう呼吸のこと。動作は、静かで深い息合いをすることで生きたものになる。

【いしづき】石突　弓の保護のために、弓袋や弓巻きの下端にかぶせるもの。

【いたつき】板付　的前矢や巻藁矢の矢尻のこと。矢に合わせた種類がある。

【いつけぶし】射付節　矢尻に一番近い節のことを言う。板付から約10cmのところ。

【いっしゃぜつめい】一射絶命　大正から昭和初期、「日本弓道の神」と仰がれた阿波研造範士によって説かれた指導法。

【いづめ】射詰　射詰競射。射手が一射ずつ行ない、最後まではずさなかった人を勝ちとする方法。射抜き。

【いりきゆみ】入木弓　張った弓を弦のほうから見たとき、弦が正常の弓よりやや右側を通っているもの。弓本来の望ましい形だが、右寄りすぎはよくない。

【うらはず】末弭　弓の上端の弦輪をかけるところ。

【うわおし】上押し　弓を握り、引き満ちたときに、弓を的のほうへ倒すように力を働かせる、よくない手の内。真の上押しは、離れの瞬間にこの力が働くことを言う。

【えんきんきょうしゃ】遠近競射　複数の射手でひとつの的を射て、的の中心に近いほうから上位とする競技方法。

【えんそうのかまえ】円相の構え　執弓の姿勢で、両腕が丸くなる形。

【えんてき】遠的　射距離約60m、1mの的を使用し、的の中心を地上97cm、傾き15度に設定する。

【おおまえ】大前　団体競技などで一番前の立ち位置、またはそこで行射をする選手のこと。

【おしだいもくひけさんぶいち】押大目引三分一　大三のこと。引分けの一時期を言う。矢を番えた際の羽引き分を引いた矢束の三分の一、つまり矢の中間くらいまで押し引きをすること。

【おして】押手　左手に対して右手と言い、押手に対して勝手、弓手に対して馬手(妻手)と言う。弓を持つほうの手で、弓手のこと。弓を押す手であることからこう言われる。

【おしでがけ】押手弽　左手につけるもので、弓や矢で手が傷つけられるのを防ぎ、手の内を効かせるための弽。

【おち】落　団体競技などで一番後ろの立ち位置、またはそこで行射をする選手のこと。

【おとや】乙矢　甲矢(はや)に対する言葉。甲矢・乙矢の一セットを一手と言う。乙矢は、板付(矢尻)を左にしたとき、羽根の軸が向こう側にある矢のこと。または走り羽根の表側が見える矢。

か行

【かい】会　やがて離れにいたる、射法八節の第六の過程で、無限の引分けとも言える状態。詰合いと伸合いが重要。

【かいぞえ】介添え　射手の後見役で、射手に対する一切の世話をする。

【かえづる】替え弦　弦が切れたときにかけかえる予備の弦。試合や審査ではかならず用意しておく。

【かがむどう】屈む胴　胴造りの応用動作で、上体が前屈するもの。船上や鎧を着たときに用いられた。

【かかるどう】懸る胴　胴造りの応用動作で、身体が的方向に突っ込むもの。的が近いときや低いときに適している。

【かしんじょうたい】下進上退　下座側の足から進み、上座側の足から退く足の運び方。行射における礼法のきまり。

【かすみまと】霞的　射礼、審査、競技、練習で使われる三重丸の的。

【かたいれ】肩入れ　弦を張った弓に、矢をかけないで耳の後ろまで引き込むこと。

【かたぼうし】堅帽子　帽子の中に角、または木を入れた諸。

【かって】勝手　右手。「押手」の項参照。左手に対して、利き腕である右手の力が強いことから、勝つ手→勝手と言われるようになった。

【からはず】空筈　矢を番えて弓を引いているときに何らかの原因で筈こぼれし、そのまま離してしまうこと。離れの瞬間に起こることが多い。

【かんてき】看的　的に矢が中っているかを確認すること、またはその役目の人。

【きざ】跪坐　つま先立って腰を下ろした状態で、いつでも立てる準備がととのった姿勢のこと。

【きゅうかい】弓懐　（ゆみふところ）とも読む。弓構えにおいて、大木を抱くような気持ちでゆったりと両腕を構えること。

【ぎりこ】ぎり粉　松脂を煮詰めた粉で、堅帽子の親指と中指または薬指につけることで、帽子と指の間の潤滑剤や滑り止めの役目を果たす。

【きんてき】近的　射距離28mで、36cmの霞的を使用、中心を地上27cm、傾き5度に立てて行なう。直径24cmまたは18cmの星的を使う場合もある。

【くすね】くすね　松脂となたね油を混ぜて適当な柔らかさにしたもので、弦をつくる際に麻を固めたり、握り皮や中仕掛けの接着などに使用する。

【くちわり】口割り　会に入ったときに、矢が唇の合わせ目にくること。

【げざ】下座　（しもざ）とも読む。上座（じょうざ）に対する言葉。神棚と反対方向、入口に近い場所を指す。

【ここう】虎口　人さし指と親指の股の中間。

【ごじゅうじゅうもんじ】五重十文字　弓と矢、弓と押手の手の内、諸の親指と弦、胸の中筋と両肩を結ぶ線、首筋と矢。以上5カ所がほぼ十文字になるよう力を働かせること。

【ごしん】五身　五胴（ごどう）に同じ。

【ごどう】五胴　目標の位置や距離によって戦の場で使い分けられていた胴造り。反・屈・懸・退・中の5種類。

【ごぶ（べ）のつめ】五部の詰　会のとき、左右の肩、角見と右肘、胸の5カ所を張りつめること。

【ごむゆみ】ゴム弓　握りにゴムをつけて弓に見立てたトレーニング用具。

さ行

【ざしゃ】坐射　射位でいったん跪坐をしてから、立って足踏みをして射を行なうこと。

【さしんうたい】左進右退　左足から進み、右足から退く足の運び方。行射における礼

【さるうで】猿腕　押手を伸ばしたとき、肩・肘・手首が一直線にならない腕。肘が下がって拳が上がる、肘が弓の中に入る、などいくつかのタイプがある。

【さんじゅうじゅうもんじ】三重十文字　足踏みの線、腰の線、両肩の線が水平で、上から見たときに1枚に重なること。

【ざんしん】残心（身）　射法八節の最終段階で、矢を離したあとに、離したときの心と形を保つこと。

【さんぶんのに】三分の二　斜面打起しで弓を引分ける際に、矢尺の三分の二まで引くこと。

【しぜんたい】自然体　基本体や基本の動作を行なう場合に前提となる姿勢。第三者に不自然に映らない自然な姿勢のこと。

【したおし】下押し　手のひら全体を握に押しつけてしまう手の内。

【したがけ】下弽　汗や脂が弽につかないように弽の下につける木綿の手袋のようなもの。

【しつ】失　行射中に弓を取り落としたり、矢が筈こぼれしたりするミスのこと。

【しべのはなれ】四部の離れ　左右の肩、角見と右肘を張りつめた状態で離す離れのことで「紫部の離れ」とも書く。

【じまんのはなれ】自満の離れ　左右充分に伸合って、精神の充実と筋力の緊張とが一致して心に離す気持ちがなく、しかも突如として矢が発せられたというような離れを言う。

【しゃい】射位　射場の中で、射を行なう場所。

【しゃけい】射形　射手が弓を引くときの形。「射前（いまえ）」とも言う。

【しゃへき】射癖　弓を引くときに現れる射形の癖。

【しゃほうはっせつ】射法八節　1本の矢を射る過程を8つの項目に分けて説明したもの。足踏み・胴造り・弓構え・打起し・引分け・会・離れ・残心（残身）。

【しゃめんうちおこし】斜面打起し　左斜め上方に弓を打ち上げて引分ける方法。

【しゃれい】射礼　祭祀や式典などの儀礼の場で、礼法にしたがって射を行なうこと。

【じゅうおうじゅうもんじ】縦横十文字　足、腰、背骨、首すじを結ぶ線を縦軸とし、胸を中心に両肩、両肘を結ぶ線を横軸として、これらが正しい十文字になること。

【しょうこん】掌根　小指の根元。掌の小指寄り、天紋筋のあたり。

【じょうざ】上座　（かみざ）とも読む。弓道場内では、神棚のある方向を指す。

【しょうめんうちおこし】正面打起し　正面上方に弓を打ち上げて引分ける方法。

【しんぜんび】真善美　弓道における最高目標。「真」真の弓は偽らない。「善」弓道の持つ倫理性。「美」弓を引くことによって荘厳美を体現すること。

【すびき】素引き　矢を番えずに弓を引くこと。

【せきいた】関板　弓の上下にある部分で、2枚の竹の間に側木とヒゴをはさんで接着する際に、上下に取りつけられる板。

【せっしゅれい】折手礼　上体を約45度傾ける基本の坐礼。

【そばき】側木　竹弓側面の、木の部分。

【そるどう】反る胴　胴造りの応用動作で、上体が後ろに反り返るもの。遠距離を射るのに適している。

【そんきょ】蹲踞　両足をそろえてつま先立ち、膝をつかずに腰を下ろした姿勢。おもに屋外で控えるときに使う。

た行

【だいさん】大三　押大目引三分一（おしだいもくひけさんぶいち）の略。

【たいはい】体配　もとは武者系流派の射礼のことを言ったが、現在は一般に弓道にお

ける動作の作法のことを言う。

【ちゅうどう】中胴　両足と両腰を安定させた中正な胴造りで、近的射にもっとも適している。

【つのみ】角見　「角見を効かせる」とは、弓の右内角を、親指の付け根（角見）でしっかりと押して離すこと。

【つめあい】詰合い　会において「伸合い」とともに重要な働き。縦横十文字を意識して、天地左右に張りつめた状態。

【つるしらべ】弦調べ　弓構えにおいて、筈を中心として上下に約30cm、視線だけを移動させる動作。この後、箆調べがある。

【つるね】弦音　矢を放ったあと、弦が弓に収まるときに鳴る音で、音色によって射の良し悪しがわかると言われる。

【つるまき】弦巻　替え弦を収めておくためのもので、弦が折れないように円型になっている。

【つるまくら】弦枕　弽の弦をかけるところ。

【つるみち】弦道　弓を引くときに弦が通ったあと、通り道のことを言う。また、弽の溝のこと。

【つるわ】弦輪　弦を弓にかけるために、弦の上下につくる輪のこと。

【できゆみ】出木弓　張った弓を弦のほうから見たときに、弦が正常な弓より左側を通っている弓で、矢飛びが安定せず、的の前方向に行きやすい。

【てのうち】手の内　弓手の手の内、馬手の手の内があるが、通常は弓手の手の内を表す。弓の力を効率よく矢に伝え、弓の性能を生かすためにととのえるもの。

【てる】照る　弓や顔が背面に反ること。

【どうづくり】胴造り　射法八節の二番目の動作。足踏みを基礎として、胴体を正しく安定した位置におくこと。

【どうほう】道宝　弦の中仕掛けをつくる際に、仕掛けを平らにして堅く締める道具。考案者・吉田重賢の号に由来する。

【とがしら】籐頭　弓の矢摺籐と握り皮のさかいめ。

【とりかけ】取懸け　弓構え動作のひとつ。矢番えをした状態で、右手の親指を弦にかけること。

【とりさし】鳥差し　引分けの際に矢先が上がること。鳥を撃つときに矢先を上げることから言われる言葉。

【とりゆみ】執弓　弓手に弓を、馬手に矢を持ち、腰に両拳をつけた基本の姿勢。

な行

【なかじかけ】中仕掛け　弦の矢を番える部分に、麻を巻きつけて補強したところ。

【なみゆみ】並弓　普通サイズの弓のことで、7尺3寸（221cm）のもの。

【にぎり】握　弓を射るとき弓手で握る部分。

【にぎりかわ】握り皮　握に巻く鹿皮のこと。

【の】箆　竹矢の羽根を除いた竹の部分。金属矢のシャフトに同じ。

【のくどう】退く胴　胴造りの応用動作で、身体が的と反対方向に傾く。遠方や高いところを射るのに適している。

【のじない】箆撓い　会の状態で、矢がしなっていること。

【のびあい】伸合い　会において「詰合い」とともに重要な働き。気力を充実させ、気合いの発動をうながすこと。

【のびゆみ】伸弓　並弓よりも長い弓のことで、7尺5寸（227cm）のもの。

は行

【は】弝　握り部分の弦と弓の間隔。幅が広いことを「高い」、狭いことを「低い」と言う。

【はしりは】走り羽　矢を番えたとき、上で垂直になる羽。

【はず】筈　矢を弦に番える部分。

【はずこぼれ】筈こぼれ　取懸け後の行射中

に矢筈が弦から離れること。試合では射直しは認められない。

【はびき】羽引き　取懸け後、若干弓を引いておくこと。

【はなれ】離れ　射法八節の7番目。右手の弽(ゆがけ)の弦枕から弦が離れる状態を言う。

【はや】甲矢(はや)　乙矢(おとや)に対する言葉。甲矢・乙矢の1セットを一手と言う。甲矢は、矢尻を左にしたとき、羽根の軸が手前側にある、または走り羽の裏側が見える矢。

【はやけ】早気　弓を引分けるとき、自分の意思に反して離してしまう癖。

【ひきわけ】引分け　射法八節の5番目で、打起しの状態から徐々に弓を左右に引分けていく動作。

【びく】びく　離れの決断がつかないうちに離れそうになって肘が戻る癖。

【ひとて】一手　甲矢(はや)と乙矢(おとや)の2本1セットのこと。

【ふてこ】筆粉　弓手の手の内の、汗や脂による滑り防止に使う粉。もみがらを燃焼させた灰。

【べたおし】ベタ押し　拇指球(親指の付け根)を弓につけて押す手の内。

【ぼうし】帽子　弽(ゆがけ)の親指が入る部分。

【ほおづけ】頬付け　会において、頬骨の下から口割り線の間で矢が頬につくこと。正しく引けている指標のひとつ。

【ほしまと】星的　練習や学生連盟の競技で使われる白地の中心に黒丸(的心)の的。的心の直径は、尺二寸的(36cm)で12cm。

【ほんざ】本座　射位につく前に、射手が控える場所。

ま行

【まきわら】巻藁　藁を束ねたもの。練習用の的として使用する。

【まきわらや】巻藁矢　巻藁用の矢。羽根がついているものとついていないものがある。

【まぐすね】麻ぐすね　切れた弦を編んだもので、弦をこすってくすねをしみ込ませ、弦を丈夫にするためのもの。

【まとば】的場　的を立てる埓(あづち)(安土)を盛った場所。

【まとまえ】的前　的に向かって矢を放つこと。

【まとや】的矢　的用に使用される、板付のついた矢。的前矢。

【みずながれ】水流れ　引分けにおいて、筈から矢先に向かって、水が流れる程度に矢先を低くすること。

【みつがけ】三つ弽(ゆがけ)　親指に、人さし指と中指の二指をかける弽。

【むなづる】胸弦　会において、弦が胸につくことにより、射を安定させる。正しく引けている指標のひとつ。

【めて】馬手/妻手　左手に対して右手と言い、押手(おして)に対して勝手(かって)、弓手(ゆんで)に対して馬手(めて)(妻手)と言う。馬に乗って行なう騎射では、右手に手綱を持ったことから馬手(妻手)と言われる。

【もたれ】もたれ　会で適度な離れのタイミングを逃して、持ちすぎてしまうこと。

【もとはず】本弭　弓の下端の弦輪をかけるところ。

【ものみ】物見　的を見るために、顔を的方向に向ける動作。

【もろがけ】諸弽(ゆがけ)　騎射用の手袋を堅帽子(かたぼうし)にしたもので、三ツ、四ツにかける。

や行

【やかすをかける】矢数をかける　矢を数多く射て経験を積むこと。

【やぐちがあく】矢口があく　引分けや会において、矢が右や上にずれ、弓や押手から離れること。

【やごろ】彀　伸合いが熟して、極限に達した瞬間。矢束(やつか)いっぱいに引分け、会にいたっ

たこと。

【やじゃく】矢尺　矢の長さ。また、各自に適した矢束のこと。

【やじり】矢尻・鏃　矢の先端につけ、射当てたとき突きささる部分。板付。

【やずりどう】矢摺籐　弓の握の上、籐を巻いた部分。矢を番えるときに矢をすることからこう呼ばれる。

【やづか】矢束　自分自身が実際に引き込む矢の長さ。親指を除く4指（一束）で矢の長さを計ったことからこう呼ばれる。一束以下は、指1本の幅で「伏（ふせ）」と言う。十三束三伏などと読む。

【やつがえ】矢番え　矢の筈を弦にかける動作。

【やづつ】矢筒　矢を持ち運ぶための入れもの。

【やどころ】矢所　矢が飛んだ場所。

【やとび】矢飛び　矢が飛ぶ勢い。または矢の飛ぶ様。

【やとり】矢取り　射場から離した矢を、的場に取りに行くこと。

【やとりみち】矢取道　射場と看的所の間の道。

【やみち】矢道　射場と的場の間、または矢の通る道筋のこと。

【やわらかぼうし】柔帽子　帽子が柔らかく、親指の部分の皮が二重～三重になっている弽。

【ゆう】揖　上体を10cm屈体させる礼のことで、会釈の意味合いを持つ。

【ゆがえり】弓返り　矢を離したあと、反動で弦が後ろに回ること。

【ゆがけ】弽　弓を射るときに、右手の指を保護するために用いる鹿皮の手袋。

【ゆがまえ】弓構え　射法八節の3番目。取懸け、手の内、物見の3つの動作が含まれる。

【ゆだおし】弓倒し　残身のあと、もとの姿勢に戻るために弓を倒す動作。

【ゆぶくろ】弓袋　弓を保護するために入れる袋。巻きつけるタイプ（弓巻き）もある。

【ゆみがかえる】弓が返る　矢が離れるときに、弓がねじれ、弦がかかったまま裏返ること。

【ゆみふところ】弓懐　（きゅうかい）に同じ。

【ゆるみ】ゆるみ　離れで引きがゆるむ状態。

【ゆんで】弓手　左手。弓を持つ手であることから弓手と言われる。

【よつがけ】四つ弽　親指に人さし指、中指、薬指の3指をかけた弽。数多く射たり強い弓を引くときなどに有利とされている。

【よつや】四ツ矢　二手をひと組として呼ぶ。

ら行

【らんちゅう】卵中　理想的な手の内を表した言葉。あたかも卵を手の中に入れているように、固く強く握らないことを示す。

【りっしゃ】立射　坐射に対し、立ったままで行射する作法。

おわりに

── 私の弓道人生

　弓道を始めたきっかけは、中学生時代に『弓道士魂』という劇画を見たことでした。弓道部のある高校を探し入学試験に合格、弓道部に入部しました。徒手体操を中間試験頃までやり巻藁稽古、弓具は、1年生で共用して使用、夏前に4つ矢を購入して的前に立ちました。晩秋に恩師と出会い私の人生が激変するとは、その時には予想だにしませんでした。週3日位のペースで指導を受けるうちに的中率もアップしてきました。大学弓道にも興味を持ち始めたのが3年生になるかならないかの時期だったでしょう。

　3年生で関東大会、国体選手（ブロック敗退）を経験して大学弓道部に入部、学生時代に五段を目標に励みました。幸いにも3年生の5月、五段に合格し目標達成。秋には、無謀にも錬士審査を受けましたが、学科問題で「基本体」と「基本体型」を間違え一次審査で不合格。次の目標は、タイトルを目指すことにしました。チャンスをものにできたのが、4年生6月の全関東、射詰め競射に残り最後のふたりになったのが、C大学の1年生H木君でした。彼の行射を後ろから見ると1年生とは思えないほどの射に驚かされました。八寸的を何本か繰返し、彼が先に外しました。元来いやらしい性格の私も続けて外し再度競射、私が中り彼が外しタイトルを獲ることができました。H木君とは、11年後、神奈川県の国体選手としてチームを組むことになりました。4年生秋のリーグ戦（7部）は、全勝で初の優勝。入れ替え戦も勝ち6部昇格しましたが、私自身は、20射9中ととんでもない的中でした。

　卒業後弓道との関わりも薄く、たまに引くような状態に不満もあり神奈川県警に転職、じつは恩師の職業が国鉄職員で24時間勤務のあと、非番を私達高校生の指導に費やしてくれていたのです。そのようなことから弓道を続けるならと24時間勤務のある職業を選択しました。それから3年経った頃ビデオカメラを購入して自分の射を初めて目にすることができました。しかし、現実に見た動画はショックでしかありませんでした。それからの稽古はビデオカメラで射の確認をしながらの繰り返し、納得のいく射ができるのに1年ほどかかり、それからは錬士審査に向けて稽古に励んでさらに1年ほどかかって合格。

　次の年から神奈川県の国体強化練習に参加しました。選考会で落選、その

落選理由が「手の内をもっと上押しにした方が良い」「離れで拳が下がる」というものだったため、1カ月巻藁稽古に徹し、拳の動きが指一本になったので的前に立ちましたが、巻藁のようには上手くできません。再度巻藁稽古を繰り返し、通算2カ月ほどでやっと拳が下がらなくなりました。同時に、的中率も9割を切らなくなりました。2年目の選考会で選手に選ばれて5年間国体を経験させていただき、その間に昇段、昇格もできました。国体2年目に母校桜美林大学弓道部の監督に就任し、その年の京都大会で「錬士の部」で優勝させていただきました。射詰め競射の最後の相手が、本書「基本編」斜面担当の澁谷君でした。国体のあとは、選手権に参加をしましたが、入賞すらできず終わりにしました。

　国体、選手権を通じて得られた弓友達は今でも繋がっています。

　弓道の神様に感謝感謝です。

　つらつらと書いてしまいましたが。一事に励めば何か良いことに巡りあえるかもしれません。

　終わりにあたり本書に掲載のモデルになってくださった方々に感謝いたします。

石山　佳彦

石山　佳彦
（いしやま　よしひこ）

1955年生まれ。神奈川県立相模台工業高校で弓道を始め、平本卓司氏に師事。桜美林大学入学後、故吉田能安氏（大日本武徳会大範士）の指導を受け、大学3年時に五段取得、全関東学生弓道選手権大会個人優勝。1987年全国弓道大会錬士の部優勝、国体5年連続出場、全日本選手権7回出場。教士七段。

1987年桜美林大学弓道部監督に就任後、全関東学生弓道選手権大会女子団体優勝2回、同男子1回、全国選抜大会アベック優勝を含み女子3回、男子1回、全日本学生弓道選手権大会女子優勝4回、同男子1回、女子王座決定戦3連覇を含み5回、同男子1回、個人では、全関東学生弓道選手権大会女子個人優勝2名、全日本学生弓道選手権大会女子個人優勝1名、同男子3名を輩出。

実技	石山佳彦	[映像制作]	
	澁谷佳史(徳島)	演出	原 哲三
	増田 繁(神奈川)	撮影	佐竹力也
	衣笠庸子(神奈川)		松崎高久
	有戸立也(神奈川)	技術	小松一之
	岸恵理子(青森)	照明	近 守里夫
	鈴木裕史(静岡)		杉本厚治
	桜美林大学弓道部	編集	山本明生
協力	小山弓具株式会社	MA	佐藤恭隆
	東京武道館	ナレーション	新垣樽助
	岸恵理子(青森)		株式会社ソナタリンク
	松永重功(東京三)		
	田口ケイ(神奈川)		
撮影	窪田正仁		
	樟川智亜希		
	杉山隆史(株式会社アイム)		
イラスト	今村ともみ		
デザイン／DTP	長田雅子(株式会社アイム)		
	村井奈津子(株式会社アイム)		
編集	飯田真由美		
編集協力	株式会社ブレインズ・ネットワーク		
校正	眞田雄基(株式会社ブレインズ・ネットワーク)		
	根本 眸(株式会社アイム)		
	益満理恵(株式会社アイム)		

参考文献
『弓道教本』第1巻改訂増補版、第2巻、第3巻、第4巻
『襷さばき』『介添』(すべて公益財団法人 全日本弓道連盟)

＊本書は2006年発行『DVDで学ぶ基本の弓道』、2007年発行『DVDで学ぶ有段者の弓道』、2008年発行『弓道虎の巻』(以上スキージャーナル社刊)を元に、新規原稿を含め大幅に加筆訂正し、撮り下し写真を加えて再編集したものです。

動画で学ぶ 弓道 基本〜称号者への道
2019年6月1日　第1刷発行

著　者　石山佳彦
発行者　中村　誠
印刷所　株式会社文化カラー印刷
製本所　大口製本印刷株式会社
発行所　株式会社日本文芸社
　　　　〒101-8407
　　　　東京都千代田区神田神保町1-7
　　　　TEL. 03-3294-8931[営業]
　　　　　　03-3294-8920[編集]
　　　　URL　https://www.nihonbungeisha.co.jp/

©Yoshihiko Ishiyama 2019
Printed in Japan
112190521-112190521 Ⓝ01 (210064)
ISBN978-4-537-21691-2
(編集担当:坂)

乱丁・落丁などの不良品がありましたら、小社製作部宛にお送りください。
送料小社負担にておとりかえいたします。
法律で認められた場合を除いて、本書からの複写・転載(電子化を含む)は禁じられています。また、代行業者等の第三者による電子データ化および電子書籍化は、いかなる場合も認められていません。